UTB

Eine Arbeitsgemeinschaft der Verlage

Böhlau Verlag · Köln · Weimar · Wien
Verlag Barbara Budrich · Opladen · Farmington Hills
facultas.wuv · Wien
Wilhelm Fink · München
A. Francke Verlag · Tübingen und Basel
Haupt Verlag · Bern · Stuttgart · Wien
Julius Klinkhardt Verlagsbuchhandlung · Bad Heilbrunn
Lucius & Lucius Verlagsgesellschaft · Stuttgart
Mohr Siebeck · Tübingen
Orell Füssli Verlag · Zürich
Ernst Reinhardt Verlag · München · Basel
Ferdinand Schöningh · Paderborn · München · Wien · Zürich
Eugen Ulmer Verlag · Stuttgart
UVK Verlagsgesellschaft · Konstanz
Vandenhoeck & Ruprecht · Göttingen
vdf Hochschulverlag AG an der ETH Zürich

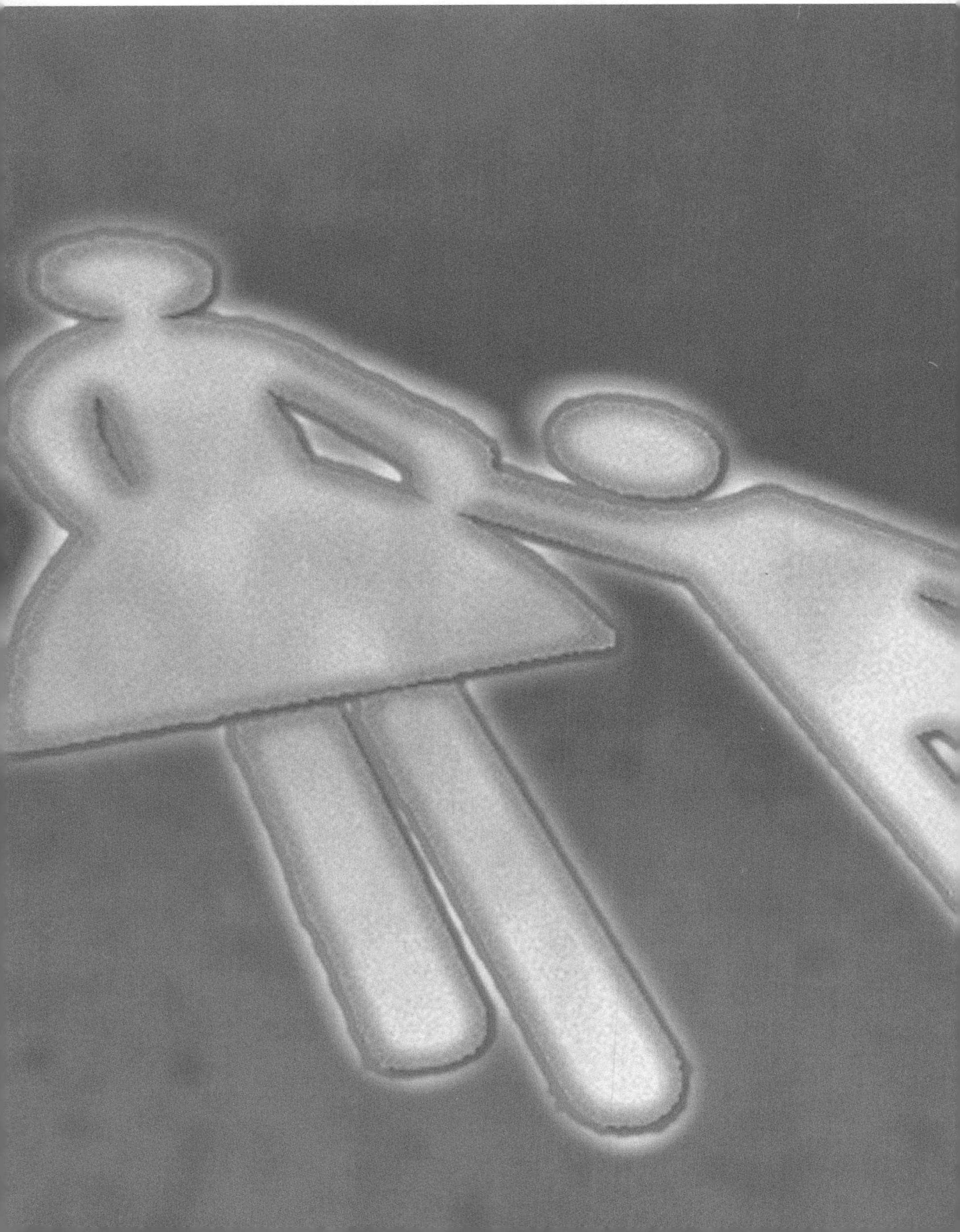

MARGIT STEIN

Allgemeine Pädagogik

Mit 14 Abbildungen
und 25 Tabellen

Mit 40 Übungsaufgaben

UTB basics

Ernst Reinhardt Verlag München Basel

Prof. Dr. phil. habil. *Margit Stein*, Dipl-Psych., Dipl.-Päd., ist Professorin für Theorie und Praxis der Sozialen Arbeit an der Fachhochschule Nordhausen sowie Privatdozentin und Mitarbeiterin des Zentralinstituts für Ehe und Familie in der Gesellschaft an der Katholischen Universität Eichstätt-Ingolstadt.

Außerdem von der Autorin im Ernst Reinhardt Verlag erschienen:
Stein: Wie können wir Kindern Werte vermitteln?
ISBN 978-3-497-02040-9

Coverbild unter Verwendung eines Fotos von
Uwe Dreßler/www.aboutpixel.de

Bibliografische Information der Deutschen Nationalbibliothek

Die Deutsche Nationalbibliothek verzeichnet diese Publikation in der Deutschen Nationalbibliografie; detaillierte bibliografische Daten sind im Internet über <http://dnb.d-nb.de> abrufbar.

UTB-ISBN 978-3-8252-3215-3 ISBN 978-3-497-02065-2

Grundlayout und Einbandgestaltung: Atelier Reichert Stuttgart
Satz: PTP-Berlin Protago-TEX-Production GmbH, Berlin
Druck: Friedrich Pustet, Regensburg

Printed in Germany
ISBN 978-3-8252-3215-3 (UTB-Bestellnummer)

Ernst Reinhardt Verlag, Kemnatenstr. 46, D-80639 München
Net: www.reinhardt-verlag.de E-Mail: info@reinhardt-verlag.de

Inhalt

Vorwort

„Noch ein einführendes Buch über Pädagogik?" werden vielleicht viele fragen. Und: „Braucht es denn eine weitere Abhandlung zum Bereich der Allgemeinen Pädagogik?"

Meine Meinung ist eindeutig ‚Ja', denn das Buch „Allgemeine Pädagogik" stellt nicht nur die Pädagogik und Erziehungswissenschaft in ihren Grundaussagen, ihren aktuellen Entwicklungen sowie ihren Ursprüngen dar, sondern bietet auch einen Blick auf gegenwärtige Lebenslagen der Adressat/-innen der Pädagogik vor dem Hintergrund von Globalisierung und Mobilität.

Pädagogik richtet sich an alle Menschen, gleich welchen Alters. Auch wenn sich Pädagogik in zunehmendem Maße als Pädagogik für alle Lebensalter darstellt und vermehrt ältere Menschen in den Blick nimmt, stehen Kinder und Jugendliche dennoch im Mittelpunkt pädagogischer Forschung. Auch in der Praxis ist der Fokus von pädagogischer Arbeit meist auf Kinder und junge Menschen gerichtet.

Deshalb werden die Rolle von Kindern und Jugendlichen sowie kindliche und jugendliche Lebenslagen in diesem Buch verstärkt dargestellt. Kinder und Jugendliche sind immer die Generation, die am stärksten von Veränderungen der Gesellschaft geprägt wird und diese als Zukunftsgeneration mitträgt.

Gesellschaftliche Veränderungen werden durch Prozesse der Erziehung, Bildung, des Lernens und der Sozialisation gestaltet. Pädagogik ist die Wissenschaft, die diese Prozesse nicht nur dokumentiert, interpretiert und erklärt, sondern die auch Erziehungs-, Bildungs-, Lern- und Sozialisationsprozesse aktiv mitträgt und verändert und allen in der pädagogischen Praxis stehenden Menschen, wie Eltern, Lehrkräften, Sozialpädagoginnen und -pädagogen sowie Erzieherinnen und Erziehern, Handlungswissen zur Verfügung stellt. Dadurch kommt der Pädagogik eine Schlüsselrolle bei der Gestaltung von Zukunft zu. Sie ist damit gleichsam eine handlungsleitende Zukunftswissenschaft.

Angesichts der postmodernen Gesellschaft mit ihrer Pluralität und Optionenvielfalt sind viele Personen, insbesondere im erzieherischen und schulischen Bereich, verunsichert: „Wie können wir an die junge Generation nachhaltiges und zukunftsfähiges Wissen vermitteln? Wie werden Kompetenzen aufgebaut? Wie schärfen wir das Wertebewusstsein, das erst soziales Zusammenleben ermöglicht?" Die „Allgemeine Pädagogik" greift diese Verunsicherung auf und fasst auch „heiße Eisen" an. Im Rahmen dieses Buches werden sowohl aktuelle Schulleistungsstudien, wie die PISA-Studie, vorgestellt, als auch aktuelle Forschungen zur Vermittlung von Werten, Normen und Einstellungen diskutiert.

Das Vorhaben, Pädagogik im Angesicht der Globalisierung darzustellen, vernachlässigt dennoch nicht die klassischen Felder als Basis jeglicher Pädagogik. Natürlich ist es neben der Diskussion aktueller Entwicklungen Ziel des vorliegenden Buches, einen umfassenden und grundlegenden Einblick in die Begriffe und Forschungsfelder der wissenschaftlichen Pädagogik zu bieten.

Dieses Buch zeigt sowohl einen definitorischen als auch einen methodologischen und geschichtlichen Zugang zu den Themenfeldern der Allgemeinen Pädagogik in den Bereichen Sozialisation, Erziehung, Bildung und Lernen auf und erläutert, wie wissenschaftliche Pädagogik zu ihren Ergebnissen gelangt. Die wichtigsten quantitativen und qualitativen Forschungsmethoden werden im Überblick vorgestellt.

Das Buch „Allgemeine Pädagogik" richtet sich an Studierende der ersten Semester und der Bachelorstudiengänge, die einen elementaren Einblick in den Bereich allgemeiner Pädagogik gewinnen möchten. Das Buch ist dabei für Studierende der Lehramtsstudiengänge von gleichem Interesse wie für Diplom- und Bachelorstudierende aus den Bereichen der Pädagogik, Erziehungswissenschaft und Psychologie.

Zuletzt möchte ich mich herzlich bei all jenen bedanken, die mich bei der Erstellung dieses Buches in inhaltlichen Fragen und in Fragen der Gestaltung und des Layouts unterstützt haben.

Ich danke meiner Lektorin Eva Schmid und Dr. Nicole Jimenez.

In erster Linie und ganz besonders danke ich meinem Kollegen Martin Stummbaum, der das Buch vorab las und mich freundschaftlich und fachlich bei dieser Publikation unterstützte und motivierte.

Eichstätt, 18. März 2009 — Prof. Dr. Margit Stein

Einführung in die Pädagogik | 1

Überblick

Im ersten einführenden Kapitel beschäftigen wir uns zunächst mit dem Begriff der Pädagogik beziehungsweise Erziehungswissenschaft und seiner definitorischen Abgrenzung. Im Anschluss werden unterschiedliche pädagogische Disziplinen, Richtungen und praktische Handlungsfelder systematisch strukturiert dargestellt. Zur Diskussion steht weiterhin, welche Sichtweise des Menschen in der Pädagogik vorherrscht. Die Anthropologie als Lehre vom Menschenbild determiniert, wie der Mensch hinsichtlich seiner emotionalen, geistigen, körperlichen, sozialen und kulturellen Bedürfnisse gesehen wird. Von Interesse ist schließlich, welche Aufgaben die Pädagogik aus diesem Menschenbild für sich ableitet. Im Rahmen eines geschichtlichen Überblicks werden die wichtigsten wissenschaftstheoretischen Positionen vorgestellt, welche der Pädagogik zugrunde liegen. Abschließend stehen die sogenannten „Vier Säulen der Pädagogik“ im Mittelpunkt der Ausführungen. Was bedeuten die Begriffe Sozialisation, Erziehung, Bildung und Lernen? Dieser Frage soll in den nachfolgenden Kapiteln nachgegangen werden.

Definition: Was ist Pädagogik? | 1.1

Begriff Pädagogik

Der Begriff „Pädagogik“ fußt auf dem altgriechischen Begriff der *paideia*, was mit „Erziehung“ oder „Bildung“ übersetzt werden kann. Der Begriff geht dabei über den eigentlichen Schulunterricht hinaus und bezeichnet jede Höherentwicklung des Menschen durch Bildungs- und Erziehungsprozesse. „Paideia“ setzt sich wiederum aus den beiden altgriechischen Wortstämmen pais für „Kind“ und agein für „führen“ zusammen. Dies versinnbildlichte in der Antike wörtlich die Führung der Kinder vom Elternhaus in die Übungs- und Bildungsstätte.

Begriff Erziehungswissenschaft

Neben dem sehr alten Begriff der Pädagogik wurde der Begriff der Erziehungswissenschaft im deutschen Sprachgebrauch erstmals Ende des 18. Jahrhunderts genutzt. Während die Pädagogik eine lange Geschichte hat, ist die Erziehungswissenschaft, also die sozialwissenschaftliche Betrachtung pädagogischer Prozesse, eine vergleichsweise junge Disziplin. Der Begriff der Erziehungswissenschaft hat sich (insbesondere seit den 1960er Jahren) verstärkt eingebürgert, um den Wissenschaftscharakter der Pädagogik zu betonen. Pädagogik beziehungsweise Erziehungswissenschaft ist gleichzeitig theoretisch fundierte Reflexions- oder Erfahrungswissenschaft als auch Handlungswissenschaft, die an der Verbesserung pädagogischer Vorgänge von Erziehung, Bildung, Lernen und Sozialisation mitarbeitet und Handlungswissen für die Praxis zur Verfügung stellt. Heute ist es zumeist üblich, die Begriffe der Pädagogik und der Erziehungswissenschaft synonym zu gebrauchen (Krüger 2005).

Definition

Pädagogik beziehungsweise **Erziehungswissenschaft** ist die Wissenschaft, die Prozesse der Erziehung, Bildung, des Lernens und der Sozialisation wissenschaftlich beobachtet, interpretiert, erklärt, die Auswirkungen dieser Prozesse vorhersagt und somit allen hieran beteiligten Personen der pädagogischen Praxis Handlungswissen zur Verfügung stellt.

Beispiel

Pädagogik befasst sich u.a. mit folgenden Fragen:

- Welche Erziehungsziele sind Eltern heutzutage wichtig (**Beobachtung**)?
- Worauf ist die starke Betonung von Autonomie und Selbstständigkeit als Erziehungsziele der Eltern für ihre Kinder zurückzuführen (**Interpretation**)?
- Wie kommt es zu aggressiven Verhaltensweisen in Schulklassen (**Erklären**)?
- Welche kindlichen Eigenschaften werden durch einen bestimmten Erziehungsstil hervorgerufen (**Vorhersage**)?
- Wie kann die schulische Praxis verbessert werden (**Bereitstellung von Handlungswissen**)?

Auswahl der Subdisziplinen, Fachrichtungen, Praxisfelder, Bezugswissenschaften und verwandten Felder der Pädagogik | **Abb. 1**

Subdisziplinen (Auswahl)

Systematische Pädagogik · Vergleichende Pädagogik · Sozialpädagogik · Berufspädagogik · Elementarpädagogik · Sonderpädagogik · Schulpädagogik

Fachrichtungen (Auswahl)

Interkulturelle Pädagogik · Friedenspädagogik · Umweltpädagogik · Medienpädagogik · Freizeitpädagogik · Museumspädagogik · Verkehrspädagogik

Praxisfelder (Auswahl)

Friedenserziehung · Gesundheitserziehung · Verkehrserziehung · Sexualerziehung · Umwelterziehung · Menschenrechtserziehung

Bezugswissenschaften und verwandte Felder (Auswahl): Entwicklungspsychologie, Pädagogische Psychologie, Sozialpsychologie, Bildungssoziologie, Fachdidaktiken

Insgesamt gliedert sich die Pädagogik in einzelne *Subdisziplinen*, die wiederum bestimmte *Fachrichtungen* unter sich organisieren und auf einzelnen *Praxisfeldern* aufbauen. In Abbildung 1 wird eine Auswahl vorgestellt (für die vollständige Abbildung siehe Lenzen 1989, 114f und Krüger 1997, 309 → Kap. 7).

Merksatz

Die Pädagogik beziehungsweise Erziehungswissenschaft reflektiert als Erfahrungswissenschaft Prozesse der Erziehung, Bildung, des Lernens und der Sozialisation und leitet als Handlungswissenschaft diese Prozesse an.

Das Menschenbild der Pädagogischen Anthropologie | 1.2

Menschenbilder

Warum ist eine Beschäftigung mit dem Menschenbild in der Pädagogik notwendig? Der wissenschaftlichen Theorie der Pädagogik und vor allem der Erziehungswirklichkeit und der pädagogischen Praxis liegen bestimmte, oftmals nicht explizit reflektierte und somit unbewusst wirkende Menschenbilder zugrunde, denn nur so lassen sich pädagogische Prozesse beobachten, interpretieren, erklären und vorhersagen. In der Geschichte der Pädagogik finden sich immer wieder unterschiedliche Sichtweisen über den Menschen. Auch heute besteht kein einheitliches Menschenbild; selbst zwischen einzelnen pädagogischen Fachkräften können Unterschiede bestehen, wie das folgende Beispiel veranschaulicht.

Beispiel

So wird etwa eine Lehrkraft, welche die Auffassung vertritt, dass „die Schüler, wenn man sie nicht systematisch kontrolliert, alle überhaupt nichts täten und nie Hausaufgaben machen würden", einen ganz anderen Unterricht anbieten als eine zweite Lehrkraft, die davon ausgeht, dass „Kinder von Natur aus interessiert seien". Beide Lehrkräfte wiederum halten sicherlich einen anderen Unterricht als eine dritte Lehrkraft, die meint, dass „Schüler fleißig oder faul seien, je nachdem, ob es der Unterricht schafft, ihr Interesse zu wecken."

Die erste Lehrkraft würde wohl eher die Annahme von Thomas Hobbes unterstützen, dass das Kind von Natur aus böse sei und durch Erziehung erst für die Gesellschaft gefügig gemacht werden müsse („homo homini lupus", vgl. Hobbes 1994). Die zweite Lehrkraft vertritt womöglich die Annahme von Jean-Jacques Rousseau, dass das Kind von Natur aus gut und oftmals nur durch falsche Erziehung in seiner natürlichen Neugier beeinträchtigt sei („Alles ist gut, wie es aus den Händen des Schöpfers kommt; alles entartet unter den Händen des Menschen", vgl. Rousseau 1971). Die Überzeugung der dritten Lehrkraft würde vielleicht zu der Annahme von John Locke passen, dass das Kind von Natur aus noch ein „unbeschriebenes Blatt" sei („tabula rasa", vgl. Locke 1996), das sich je nach Umwelteinfluss unterschiedlich entwickelt.

Anthropologie oder Lehre vom Menschen

Mit den Fragen, wie der Mensch zu sehen sei, welche Dimensionen er hat und welche Bedürfnisse, befasst sich die Anthropologie oder Lehre vom Menschen. Etymologisch leitet sich der Begriff vom griechischen Wort *ánthropos* für „Mensch" und *lógos* für „Wissenschaft" ab. Die meis-

Tab. 1 | Dreidimensionalität unterschiedlicher Menschenbilder (vgl. Schilling 2000)

Anthropologien unterschiedlicher Disziplinen	Prinzipielle Dreidimensionalität des Menschen
griechisch-christliche Anthropologie	Leib – Seele – Geist
philosophische Anthropologie	Leben – Position – Handlung
psychologische Anthropologie	Denken – Fühlen – Wollen
sozio-kulturelle Anthropologie	Handlung – Sozietät – Kultur
pädagogische Anthropologie	Kopf – Herz – Hand / kognitiv – affektiv – motorisch

Abb. 2

Dimensionen (fett) und Bedürfnisse (kursiv) des Menschen und daraus abgeleitete pädagogische Aufgaben (unterstrichen) (nach Schilling 2000)

ten Menschenbilder gehen von einer Dreigliedrigkeit aus (Hamann 1993, Schilling 2000; Tab. 1)

Dimensionen und Bedürfnisse des Menschen

Das Menschenbild der Pädagogik fußt auf Menschenbildern der *Bezugswissenschaften* wie der Psychologie oder der Philosophie, und leitet daraus spezifisch pädagogische Handlungsleitlinien ab. Aus den einzelnen Dimensionen, das heißt Bereichen, welche den Menschen ausmachen, werden die Bedürfnisse des Menschen erschlossen. Aus jenen Bedürfnissen wiederum definiert die Pädagogik in ihrem Wirken für den Menschen ihre Aufgaben (Schilling 2000; Abb. 2).

Merksatz

Die pädagogische Anthropologie (= Lehre vom Menschen) befasst sich mit den Dimensionen oder Bereichen, welche den Menschen ausmachen, den abgeleiteten Bedürfnissen des Menschen und den sich daraus für die Pädagogik ergebenden Aufgaben.

1.3 Wissenschaftstheorien der Pädagogik

Wissenschaftstheoretische Schulen

Der Pädagogik liegen unterschiedliche wissenschaftstheoretische Schulen zugrunde. Die Wissenschaftstheorie befasst sich mit der Frage, wie *Pädagogik als Wissenschaft* gesehen werden kann, welche *Ziele* Pädagogik als Wissenschaft verfolgt und welcher *Methoden* sie sich dabei bedient.

Tab. 2 | Die wichtigsten wissenschaftstheoretischen Schulen der Pädagogik

	Geisteswissenschaftliche Pädagogik	Empirische Erziehungswissenschaft	Kritische Erziehungswissenschaft
Begründer der zugrunde liegenden Philosophie	Dilthey	Popper	Adorno, Habermas
Vertreter in der Pädagogik	Nohl, Natorp, Litt, Spranger, Flitner	Roth, Brezinka Roth: „realistische Wende" 1962	Mollenhauer, Heydorn Mollenhauer: „kritische Wende"
Beginn	Seit etwa 1900	Seit etwa 1960	Seit etwa 1970
Wissenschaftsverständnis von Pädagogik	Pädagogik als Geisteswissenschaft in Abgrenzung zu den Naturwissenschaften und zur Theologie	Pädagogik als Naturwissenschaft in Abgrenzung zur Geisteswissenschaft	Pädagogik als Gesellschaftswissenschaft in Abgrenzung zur reinen Natur- und reinen Geisteswissenschaft
Wissenschaftsposition	Phänomenologie, Hermeneutik	Positivismus, Empirie	Kritische Theorie, Frankfurter Schule
Sichtweise auf Erziehung und Bildung	Erziehung und Bildung als geschichtliche, kulturelle, individuelle Phänomene	Erziehungs- und Bildungstechnologie Erziehung und Bildung als objektive, herstellbare Phänomene	Erziehung und Bildung als Subjektwerdung und Förderung von Autonomie und Mündigkeit
Erkenntnisprinzip	„Verstehen": Reflexion der Lebensäußerungen des Subjekts im Rahmen seines gesellschaftlichen, kulturellen und geschichtlichen Milieus	„Erklären": Beschreiben, erklären, vorhersagen und verändern von objektiv gegebener Erziehungswirklichkeit	Kritische Reflexion der Erziehungswirklichkeit; Kritik an Geisteswissenschaft und Empirie, die beide für Totalisierungstendenzen anfällig seien und sich entweder in die „pädagogische Provinz" (Mollenhauer) zurückgezogen hätten oder auf die reine Naturwissenschaft
Methoden	Hermeneutische, verstehende Methoden Qualitative, interpretierende Methoden (bspw. Narratives Interview, Interpretation von biographischen Texten)	Objektive, analytische, quantitative Methoden anhand der wissenschaftlichen Gütekriterien Objektivität, Reliabilität, Validität (bspw. Fragebögen, Experimente, Beobachtung)	Eher qualitative Methoden (bspw. teilnehmende Beobachtung; Tiefeninterviews)

Als die drei wichtigsten wissenschaftstheoretischen Schulen gelten die Geisteswissenschaftliche Pädagogik, die empirische Erziehungswissenschaft und die kritische Erziehungswissenschaft (Für weitere Theorien siehe z. B. Faulstich-Wieland und Faulstich (2006)). Während sich die unterschiedlichen Schulen früher sehr unversöhnlich gegenüberstanden und in *Abgrenzung zu früheren Theorien* formuliert wurden, versucht man heute eine Synthese der Wissenschaftstheorien und integriert unterschiedliche Methoden und Zugänge miteinander. Die Methoden des pädagogischen Erkenntnisgewinns werden in → Kap. 8 umfassender vorgestellt.

Merksatz

Die wichtigsten wissenschaftstheoretischen Schulen der Pädagogik sind die Geisteswissenschaftliche Pädagogik, die empirische Erziehungswissenschaft und die kritische Erziehungswissenschaft, die heute nicht mehr als Gegensätze, sondern als unterschiedliche Zugänge zur Pädagogik angesehen werden.

Die vier Säulen der Pädagogik

1.4

Vier Säulen der Pädagogik

Die Pädagogik reflektiert und leitet Prozesse der Sozialisation (→ Kap. 2), Erziehung (→ Kap. 3), Bildung (→ Kap. 4) und des Lernens (→ Kap. 5) an, die auch als die vier Säulen der Pädagogik bezeichnet werden. Alle vier Bereiche konstituieren die Entwicklung des Menschen (Brezinka 1990).

Merksatz

Sozialisation, Erziehung, Bildung und Lernen werden als die vier Säulen der Pädagogik bezeichnet, welche die Entwicklung des Menschen ausmachen.

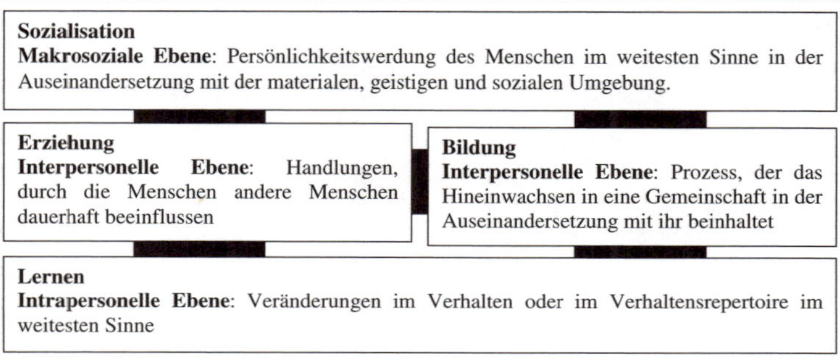

Abb. 3

Beziehung der Grundbegriffe der Pädagogik zueinander

Zusammenfassung

Im ersten einführenden Kapitel wird Pädagogik (= Erziehungswissenschaft) definiert als Erfahrungswissenschaft, welche Prozesse der Erziehung, der Bildung, des Lernens und der Sozialisation untersucht, interpretiert, erklärt und vorhersagt. Als Handlungswissenschaft bietet die Pädagogik den Praktikerinnen und Praktikern, wie etwa Eltern und Lehrkräften, Hilfestellung an bei Erziehungs-, Bildungs-, Lern- und Sozialisationsprozessen, welche die Entwicklung des Einzelnen beeinflussen. Die Pädagogik gliedert sich in einzelne Subdisziplinen (Sozialpädagogik, Schulpädagogik etc.), die wiederum bestimmte Fachrichtungen (Freizeitpädagogik, Medienpädagogik etc.) unter sich organisieren und auf einzelnen Praxisfeldern aufbauen (Friedenserziehung, Sexualerziehung etc.). Jedem pädagogischen Handeln liegen bestimmte Menschenbilder zugrunde, die definieren, welche Handlungsaspekte sowie emotionale, geistige, körperliche, soziale und kulturelle Anteile den Menschen ausmachen, welche Bedürfnisse er hat und wie sich, darauf aufbauend, die Aufgaben der Pädagogik benennen lassen. Die wichtigsten wissenschaftstheoretischen Schulen der Pädagogik sind die Geisteswissenschaftliche Pädagogik, die empirische Erziehungswissenschaft und die kritische Erziehungswissenschaft, die heute nicht mehr als Gegensätze, sondern als unterschiedliche Zugänge zur Pädagogik angesehen werden. Sozialisation, Erziehung, Bildung und Lernen werden als die vier Säulen der Pädagogik bezeichnet, welche die Entwicklung des Menschen ausmachen.

Weiterführende Literatur

Faulstich-Wieland, H., Faulstich, P. (2006): BA-Studium Erziehungswissenschaft. Ein Lehrbuch. Rowohlt, Reinbek

Hurrelmann, K. (2002): Einführung in die Sozialisationstheorie. Beltz, Weinheim

Giesecke, H. (1990): Einführung in die Pädagogik. Juventa, Weinheim / München

Grundmann, M. (2006): Sozialisation. Skizze einer allgemeinen Theorie. UVK Verlagsgesellschaft, Konstanz.

Kaiser, A., Kaiser, R. (1981): Studienbuch Pädagogik. Grund- und Prüfungswissen. Athenäum, Königstein

Übungsaufgaben

1 Schildern Sie die Aufgaben einer wissenschaftlichen Pädagogik als Reflexionswissenschaft erzieherischer Praxis und als Handlungswissenschaft!

2 Erläutern Sie, warum es wichtig ist, sich damit zu befassen, welches Menschenbild einem bestimmten pädagogischen Handeln zugrunde liegt!

3 Schildern Sie davon ausgehend, welche Dimensionen und Bedürfnisse den Menschen konstituieren und wie die Pädagogik auf diese Dimensionen und Bedürfnisse adäquat reagieren muss. Erläutern Sie Bedürfnisse und Aufgaben der Pädagogik exemplarisch für den Bereich des Jugendalters und des höheren Erwachsenenalters!

4 Schildern Sie die drei hauptsächlichen Wissenschaftstheorien, die einer wissenschaftlichen Pädagogik zugrunde liegen und erläutern Sie, wie diese zusammenwirken müssten, damit Pädagogik in einem ganzheitlichen Verständnis als Wissenschaft gefasst wird!

5 Benennen Sie die vier Säulen der Pädagogik und wie diese aufeinander aufbauen!

Die Antworten finden Sie unter www.reinhardt-verlag.de.

2 | Sozialisation

Überblick

In Kapitel 2 rückt die Sozialisation als Überbegriff von Erziehung, Bildung und Lernprozessen ins Zentrum der Diskussion. Familie gilt als primäre, Schule als sekundäre, sowie Arbeitswelt und Universität als tertiäre Sozialisationsinstanz. Diese drei Hauptsozialisationsinstanzen üben Einfluss auf das Individuum aus. Es wird erläutert, wie sich dieser Einfluss gestaltet. Hinzu kommen Theorien der Sozialisation, welche deren Wirkmechanismen aufzeigen, etwa der Strukturfunktionalismus, der Symbolische Interaktionismus und die ökologische Systemtheorie, die in ihren Grundzügen umrissen werden. Abschließend beschäftigen uns aktuelle gesellschaftliche Entwicklungen, die mit Schlagworten wie Risikogesellschaft, postmoderne Gesellschaft, Globalisierungsprozesse und soziale Polarisierungstendenzen beschrieben werden. Ihnen wird ein enormer Einfluss auf die Sozialisation eines jeden Menschen zugeschrieben – im schlimmsten Fall sogar eine Gefährdung der individuellen Identitätsbildung sowie der gesellschaftlich geteilten, gemeinsamen Handlungspraxis.

2.1 | Definition: Was ist Sozialisation?

Begriff Sozialisation

Der Begriff Sozialisation leitet sich etymologisch vom lateinischen Begriff *sociare*, das heißt „verbinden", ab. Bildlich gesprochen stiftet die Sozialisation das verbindende Band zwischen dem einzelnen Menschen und der Gesellschaft.

Persönlichkeitswerdung des Menschen

Die Sozialisation umfasst alle Prozesse der Persönlichkeitswerdung des Menschen in Auseinandersetzung mit der materialen, sozialen und institutionellen Umwelt. Ziel der Sozialisation ist die vollständig entwickelte Persönlichkeit (= Identität) des Einzelnen, wobei Sozialisation ein lebenslanger Prozess ist. Wie der Begriff der „Auseinandersetzung" nahe legt, geschieht die Entwicklung der Persönlichkeit nicht durch eine direkte Übernahme von z.B. gesellschaftlichen Normen, Rollen und Kulturanschauungen. Vielmehr findet eine Wechselwirkung zwischen dem Individuum und seiner Umwelt statt, ein sog. „bidirektionaler Prozess". Zum einen verarbeitet jeder Mensch die Erfahrungen in seiner Umwelt auf produktive, individuelle Weise. Zum anderen werden gesellschaftliche Normen, Rollen und Kulturanschauungen nicht kritiklos übernommen. Jedes Individuum wirkt auf seine Umwelt zurück und übt dadurch Einfluss auf seine Umgebung aus. Am Ende steht folglich nicht die übernommene Identität, sondern die selbsterarbeitete Persönlichkeit (→ Kap. 6.2.3).

Merksatz

Sozialisation ist ein lebenslanger, bidirektionaler Prozess, der die Persönlichkeitswerdung des Menschen in produktiver Auseinandersetzung mit seiner Umwelt und die Rückwirkungen des Menschen auf seine Umwelt beinhaltet. Das Ziel ist die vollständig entwickelte Identität des Einzelnen und die Entwicklung einer gemeinsamen Handlungspraxis.

Entwicklung einer gemeinsamen Handlungspraxis

Neben der Persönlichkeitsentwicklung des Menschen in Auseinandersetzung mit seiner Umwelt umfasst Sozialisation auch die Entwicklung einer *gemeinsamen Handlungspraxis* in einer Gesellschaft, also das Herausbilden von Werten, Normen, Kommunikationsstrukturen und Rollenmustern (Hurrelmann/Ulich 1999).

Beispiel

Als Beispiel für einen Prozess der Sozialisation kann die Herausbildung einer eigenständigen Wertorientierung sowie die Entwicklung einer gesellschaftlich geteilten Werte- und Normenbasis genannt werden. Die Werteentwicklung ist niemals abgeschlossen. Werte werden von jüngeren Menschen nicht passiv von der älteren Generation übernommen, sondern Kinder und Jugendliche wirken ebenfalls auf die Einstellung ihrer Eltern und die gesamte Gesellschaft zurück (Begriff „Wertewandel").

2.2 Die wichtigsten Sozialisationsinstanzen: Familie, Schule und Beruf

Soziale Gruppen

Persönlichkeit und Handlungspraxis bilden sich in Auseinandersetzung mit der materialen, geistigen und sozialen Umwelt des Einzelnen heraus. Insbesondere sozialen Gruppen und Institutionen kommt im Sozialisationsprozess herausgehobene Bedeutung zu, da diese in Interaktion und Kommunikation mit dem Einzelnen gesellschaftliche Wirklichkeit vermitteln und in die Diskussion über gesellschaftliche Normen, Erwartungen und Rollen eintreten.

Beispiel

Beispielsweise erlebt das Kind das abstrakte gesellschaftliche Prinzip der Gleichheit aller Menschen darüber, dass alle Geschwister in einer Familie und alle Schülerinnen und Schüler in einer Klasse von den Eltern beziehungsweise Lehrkräften möglichst gleichberechtigt behandelt werden sollten ohne Bevorzugung einzelner.

Sozialisationsinstanzen

Im Allgemeinen werden, gemäß dem Lebensalter des Individuums und deren Bedeutung im Lebenslauf, Instanzen der primären, sekundären und tertiären Sozialisation unterschieden. Daneben wird den Medien oft die Rolle einer „heimlichen Sozialisationsinstanz" zugeschrieben (Hurrelmann/Bründel 2003). Heimliche Sozialisationsinstanzen treten nicht in einen direkten persönlichen Kontakt mit der Person, wie z. B. die Sozialisationsinstanzen Familienmitglieder oder Arbeitskollegen, sondern spiegeln auf indirektem Wege gesellschaftliche Werte oder mögliche Handlungsweisen in bestimmten Situationen wider. Hierbei wirken Medien stark normierend. Über Medien werden insbesondere Strömungen des sogenannten Zeitgeistes transportiert.

Merksatz

Im Sozialisationsprozess treten soziale Gruppen und Institutionen mit dem Individuum in Wechselwirkung, die als Sozialisationsinstanzen bezeichnet werden. Familie und Peergroup gelten als primäre, Schule als sekundäre sowie Arbeitswelt und Universität als tertiäre Sozialisationsinstanz.

2.3 Der Anlage-Umwelt-Diskurs in der Wissenschaft

Anlage-Umwelt-Debatte

Eine der wichtigsten Fragestellungen der Sozialisation bezieht sich auf die Frage, ob die individuelle und eigenständige Persönlichkeit jedes Menschen primär durch seine genetischen Anlagen determiniert ist, oder ob der Einzelne hinsichtlich seiner Persönlichkeit in erster Linie

Die Instanzen der Sozialisation | Tab. 3

Instanz der Sozialisation	Instanz der primären Sozialisation: Familie Prozess der Soziabilisierung	Instanz der sekundären Sozialisation: Schule Prozess der Enkulturation	Instanz der tertiären Sozialisation: Arbeitswelt und Universität Prozess der Individuation
Aufgabe im Sozialisationsprozess	Einführung in die basalen Grundfertigkeiten einer Gesellschaft (Sprache etc.) (Ur)vertrauensentwicklung etwa in Abhängigkeit der Qualität der Eltern-Kind-Beziehung Erlernen grundlegender Werte	Erlernen grundlegender Kulturtechniken (Schrift, Mathematik etc.) Erlernen von Normen, Regeln, Konventionen	Lebenslanger Prozess der Menschwerdung, das heißt Herausbildung einer eigenständigen, individuellen Überzeugung politischer, gesellschaftlicher Art

durch die Umwelt geprägt ist. Diese Fragestellung wird auch als Anlage-Umwelt-Debatte bezeichnet.

Anlage-Annahme

Theorien, welche davon ausgehen, dass der Mensch in erster Linie Entwicklung über die Entfaltung seiner Veranlagungen oder seiner genetischen Grundausstattung erfährt, basieren auf der Anlage-Annahme.

Theorien, welche davon ausgehen, dass das Verhalten in erster Linie durch die Umwelt determiniert wird, basieren auf der Umwelt-Annahme. Der Umwelteinfluss bezieht sich nicht nur auf die aktuellen Reize und Einflussgrößen, die in der gegenwärtigen Situation wirken, sondern auch auf die Einflussgrößen, die im Laufe der Erziehungs- und Lerngeschichte den Einzelnen prägen und geprägt haben.

Extrempunkte in der Theoriebildung hinsichtlich der Anlage-Umwelt-Debatte stellen die Verhaltensbiologie (Anlage-Annahme) und der Behaviorismus (Umwelt-Annahme) dar.

Die Verhaltensbiologie geht davon aus, dass die Entwicklung der Persönlichkeit auch als Reifungsprozess dargestellt werden kann. Dies bedeutet, dass wie sich der Mensch entwickelt, völlig durch seine Erbanlagen determiniert ist, auf welche die Umwelt wenig Einfluss hat. Die Reifung soll sich dabei in erster Linie in sogenannten kritischen oder sensiblen Phasen vollziehen. Hierunter wird ein Zeitfenster gefasst, in welchem sich bestimmte Erbanlagen optimal entfalten können. Die Verhaltensbiologie stützt sich in ihrer Argumentation häufig auf Tierbeobachtungen oder ethnologische Beobachtungen. Ähnlich geartetes tierisches wie menschliches Verhalten, etwa bei Imponier- oder Drohgebärden, wurde als Beleg für die Dominanz der genetischen Struktur gewertet. Auch ethnologische Studien belegen, dass bestimmte Entwicklungsschritte über alle Völker hinweg nach relativ einheitlichem Muster ablaufen (vgl. etwa Eibl-Eibesfeldt 1991).

Beispiel

In seinen Tierstudien sowie ethnologischen Studien führt Eibl-Eibesfeldt die Drohgebärden des Menschenaffen an sowie die über alle Kulturen hinweg vorherrschende Sitte der männlichen Mitglieder, die Imposanz ihres Erscheinungsbildes über die Betonung der Schultern zu erhöhen: „Der Haarstrich des heutigen Menschen verläuft so, dass wir beim Haaresträuben vor allem den Schulterumriss vergrößern würden, hätten wir noch einen Pelz. [...] Auch nach dem Abbau des Haarkleides blieb beim Menschenmann die Neigung erhalten, seine Schultern zu betonen. In den verschiedensten Kulturen neigt der Menschenmann dazu, seine Schultern modisch zu betonen." (Eibl-Eibesfeldt 1991, 28f).

Umwelt-Annahme

Den anderen Extrempunkt in der Theoriebildung hinsichtlich der Anlage-Umwelt-Debatte stellt der Behaviorismus in seiner extremsten Ausprägung dar: Der Mensch ist nach dieser Schule auf die Umwelt und ihre verhaltensformenden Reize bezogen (→ Kap. 5.2.1 und 5.2.2). Unabhängig von der Genstruktur wirkt nur die Umwelt sowohl determinierend hinsichtlich der Ausprägung der Persönlichkeit, als auch hinsichtlich des Verhaltens, das in einer bestimmten Situation gezeigt wird. Persönlichkeit wird im klassischen Behaviorismus somit nur als gelernte Verbindung zwischen Reizen und Reaktionen definiert, also als Grundmuster an gelernten Verhaltensweisen, die in bestimmten Situationen auf Auslösereize hin gezeigt werden. Auch im Behaviorismus werden die Lerngesetze, die in Tierexperimenten gewonnen wurden, auf den Menschen übertragen.

Der Mensch zeigt das Verhalten, das durch Auslösereize hervorgerufen wird und das belohnt wird, und unterlässt ein Verhalten, das nicht belohnt oder sogar bestraft wird.

Beispiel

Paradigmatisch für diese Schule steht die Aussage Watsons, der von der völligen Determiniertheit des Menschen von der erlebten Erziehungs- und Erfahrungsumwelt ausgeht und verkündete, dass er ein Dutzend Kinder so aufziehen könne, dass er garantiere, dass er jedes zu dem machen könne, was er wolle, sei es Arzt, Rechtsanwalt, Künstler, Unternehmer oder auch Bettler und Dieb (Watson 1928).

Es würde zu kurz greifen, wenn man hier eine Bipolarität zwischen den Theorien, welche die Dominanz der Anlagen propagieren, und den Theorien, welche eine vermeintliche Dominanz der Umwelt betonen, eröffnen wollte. Moderne Ansätze der Sozialisationsforschung betonen sowohl den Einfluss, den die genetische Grundausstattung auf den Einzelnen nimmt, als auch den Einfluss der Umwelt.

Studiendesigns:

Klassische Forschungsdesigns, welche den Einfluss von Genen versus Umwelt gegeneinander abwägen, sind Zwillingsstudien oder aber die Berechnung sogenannter Vererbungskoeffizienten. Bei den Zwillingsstudien wird die Übereinstimmung in der Ausprägung bestimmter Persönlichkeitsdimensionen, wie etwa der Intelligenz bei eineiigen Zwillingen, die auch in derselben Umgebung aufwachsen, mit der Übereinstimmung der Ausprägung bei Zwillingspaaren verglichen, welche in getrennten Umgebungen aufwachsen. Da man bei eineiigen Zwillingen von einer gleichen Genausstattung ausgehen kann, kann man somit den Einfluss der Umwelt separieren und feststellen.

Bei der Berechnung von Vererbungskoeffizienten werden Korrelationen, das heisst Zusammenhänge, zwischen den Ausprägungen bestimmter Persönlichkeitseigenschaften, etwa der Intelligenz, zwischen Personen berechnet, die sich entweder durch unterschiedliche Arten von gemeinsamen Genausstattungen oder Unterschiede in der Gemeinsamkeit der Umwelt miteinander in Zusammenhang bringen lassen. Beispielsweise werden die Korrelationen zwischen der Intelligenz von Kindern und ihren leiblich-biologischen Eltern und ihren Pflegeeltern oder sozialen Eltern berechnet. Durch die so erfolgte Schätzung über das Ausmaß des Gen- oder Umwelteinflusses können Vererbungskoeffizienten bestimmt werden. Für den Vererbungskoeffizient wird ein Wert von Eins angesetzt, wenn ein Merkmal ausschließlich durch die Genausstattung bestimmt zu sein scheint (z. B. Augenfarbe, Blutgruppe, biologisches Geschlecht), während ein Wert von Null für eine vermeintlich ausschließliche Determination über die Umwelt festgesetzt wird (z. B. mit welcher Sprache ein Kind großgezogen wird) (Zimbardo 1983).

Interaktion Anlage-Umwelt

Unter anderem zeigte sich in den Zwillingsstudien, dass beide Einflussgrößen, nämlich die Anlagen und die Umwelt, gewichtigen Anteil an der Persönlichkeitsentwicklung des Einzelnen nehmen. Beide Einflussfaktoren interagieren miteinander.

Zum Einen reagiert die Umwelt auf Personen unterschiedlicher genetischer Ausstattung in unterschiedlicher Weise. Beispielsweise wählen Eltern in Abhängigkeit der genetischen Ausstattung ihres Kindes, etwa gemäß seiner Temperamentsfaktoren, seiner Intelligenz oder ähnlichem unterschiedliche Erziehungsstile. Grusec, Goodnow und Kuczynski (2000) etwa thematisieren, dass Erziehungsstile und -methoden der Eltern in Abhängigkeit von Eigenschaften des Kindes differentiell gewählt werden. Ängstliche Kinder werden eher ermuntert, risikoreicheres Verhalten zu zeigen, als sehr temperamentvolle Kinder. Elterliches Erziehungsverhalten ist umso Erfolg versprechender, je besser es den Eltern gelingt, flexibel auf das Kind in seinen Anlagen, Stimmungen, Temperamenten und seinem Verständnis einzugehen und entsprechende angemessene Aktionen und Erziehungsmethoden auszuwählen (Stein 2008c).

Zum Zweiten suchen Personen unterschiedlicher genetischer Ausstattung selbst selektiv differentielle Umwelten auf, die ihrer eigenen Genausstattung entgegenkommen und erlauben, dass bestimmte Bedürfnisse optimal befriedigt werden. Eysenck zeigte auf, dass Personen ein bestimmtes Anregungsniveau erstreben. Sehr stark extrovertierte, das heißt auf Geselligkeit gerichtete Personen, würden deshalb eher Umgebungen aufsuchen, die einen sehr hohen Anregungsgehalt und viel Stimulation bereithalten, wie etwa Partys oder Ähnliches, während introvertierte, das heißt eher nach innen gerichtete Personen, bereits mit einem geringeren Anregungsgehalt genügend stimuliert sind. Diese Gruppe von Personen würde deshalb ruhigere Umgebungen bevorzugen (Eysenck/Zuckerman 1978).

Drittens wird davon ausgegangen, dass die Anlagen den Radius der Entwicklungsmöglichkeiten bestimmen, während die Umwelt aber entscheidend determiniert, ob das Potential ausgeschöpft werden kann. Zwei, von der genetischen Grundausstattung her gleich intelligente Kinder, würden sich etwa in Abhängigkeit von der Förderung und Stimulation im Elternhaus unterschiedlich entwickeln. Umgekehrt kann auch mit der optimalsten Förderung eine geistige Entwicklung nicht erzwungen werden, die von der Genstruktur her nicht möglich ist.

Merksatz

Moderne Ansätze der Sozialisationsforschung betonen die Interaktion sowohl des Einflusses, den die genetischen Anlagen auf den Einzelnen nehmen, als auch des Einflusses der Umwelt.

Psychologisch orientierte Sozialisationsansätze wie lerntheoretische Schulen oder kognitive Theorien, etwa nach Piaget, oder Theorien der Entwicklung der Identität werden im Kapitel 6 dargestellt, wenn die Entwicklung von Kindern und Jugendlichen im Fokus des Interesses steht.

In Kapitel 2.4 werden anschließend überblicksartig wichtige Ansätze der soziologischen Forschung zum Bereich der Sozialisation dargestellt.

Theorien der Sozialisation | 2.4

Angesichts der Fülle an Theorien zum Sozialisationsprozess können nur wenige vorgestellt werden. Im Rahmen des Einführungsbuches in die Allgemeine Pädagogik wird in Kapitel 2 ein Überblick über wichtigste Theorien der Sozialisation aus soziologischer Sicht gegeben. Hierbei wird der Fokus auf die klassischen Theorien zu Begriffen wie Rolle, Position, Rollenübernahme und -aushandlung sowie zum Systembegriff gerichtet. Theorien zur psychologischen Sichtweise der Sozialisation, etwa zum Bereich der Entwicklung der kognitiven Vorstellungswelt, der Bindungsentwicklung und der Entfaltung des Sozialverhaltens sowie von Identität, Moral und Wertorientierung werden in Kapitel 6 vorgestellt und vor dem Hintergrund der kindlichen und jugendlichen Lebenswelt diskutiert. Für einen umfassenden Theorieüberblick muss auf weiterführende Fachliteratur verwiesen werden (siehe Hurrelmann/Ulich 1999).

Struktur-funktionale Theorie

Talcott Parsons

Die Struktur-funktionale Theorie nach Talcott Parsons (1985) geht davon aus, dass Sozialisation ein Hineinwachsen in die Gesellschaft im Sinne einer *Übernahme von zunehmend mehr fest bestehenden Rollen* bedeutet.

Rollen und Positionen

Rollen sind definiert als die Erwartungen, welche die Gesellschaft an die Inhaber bestimmter Positionen stellt, beispielsweise an Schülerinnen und Schüler, junge Arbeitnehmer oder Eltern. Jeder Mensch ist Inhaber vieler Rollen (z.B. kann eine Frau gleichzeitig Mutter, Ehefrau, Studentin und Tochter sein). Jeder Rolle liegen unterschiedliche, teilweise gegensätzliche Erwartungen zugrunde.

Beispiel

Ein junger Akademiker übernimmt mit dem Eintritt ins Berufsleben bestimmte Rollen, die mit Erwartungen wie Pünktlichkeit und Loyalität, Leistungsstreben und hoher Motivation bei der Erfüllung der Arbeitsaufgaben im Betrieb verbunden sind. An einen frisch gebackenen Ehemann und Vater werden jedoch andere Erwartungen gestellt. Für Partnerschaft und Familie sind es z.B. Erwartungen an die gemeinsam verbrachte Zeit, geteilte Freizeitbeschäftigungen, Intimität und Fürsorglichkeit, die von Bedeutung sind.

Struktur und Funktion

Jede Sozialisationsinstanz ist durch ihre Struktur und durch ihre Funktion in einer Gesellschaft definiert:

Symbolischer Interaktionismus

Die Theorie des Symbolischen Interaktionismus ist untrennbar mit den Soziologen George Herbert Mead, Herbert Blumer und Erving Goffman verknüpft.

Erving Goffman

Der Symbolische Interaktionismus nach Erving Goffman stellt dem passiven Hineinwachsen in die statischen Rollen der Gesellschaft der Strukturfunktionalen Theorie einen aktiven Prozess der Rollenaushandlung gegenüber.

„Role Making“ und „Role Taking“

Demnach sind Rollen nicht automatisch starr festgelegt, sondern unterliegen einem sozialen Definitionsprozess, in dem die Interaktionspartner wechselseitig die Perspektive des anderen übernehmen. Indem sie Rollenverhalten in sozialen Interaktionen ausspielen („role making“) und dem anderen Rollen anbieten, die dieser annehmen oder auch verweigern kann („role taking“) entstehen Rollen und entwickeln sich weiter. Der Mensch („Ego“) sieht sich selbst durch die Augen der anderen („Alter“) und interpretiert, welche Rollen und somit Handlungsalternativen ihm gegenwärtig angeboten werden. Sozialisation vollzieht sich schließlich über die selbst gestalteten und übernommenen Rollen. Goffman vergleicht in seinem Buch „Wir alle spielen Theater“ die Gesellschaft mit einer Theaterbühne, die Gesellschaftsmitglieder mit einem Ensemble, das unterschiedliche Rollen einnimmt und wechselseitig interpretiert (Goffman 1969). Da viele Rollen für das Individuum wenig befriedigend oder nicht klar definiert sind, ist eine hohe Frustrations- und Ambiguitätstoleranz nötig.

Tab. 4 | **Struktur und Funktion der drei Hauptsozialisationsinstanzen**

	Familie	Schule	Betrieb
Struktur	Mindestens zwei Personen aus mindestens zwei Generationen	Aufbau des Schulsystems (Dreigliedrigkeit, etc.)	Betriebsgröße etc.
Funktion	Gewährung von Schutz und Intimität etc.	Qualifikation, Selektion etc. (→ Kap. 4.3)	Erwirtschaftung von Kapital und Gütern etc.

Zudem ist es bedeutsam, Rollen nicht unkritisch zu übernehmen, sondern in kritischer Distanz zur Rolle zu gehen (Rollendistanz).

Beispiel

Im Rahmen einer Freundschaft im Jugendalter entscheidet eine junge Frau darüber, ob sie weiterhin eine platonische Freundschaft führen möchte oder das Angebot annimmt, die Rolle der Freundin in einer intimen Beziehung einzunehmen. Auch in stärker institutionalisierten Kontexten, wie der Schule, entscheidet der Schüler, ob er in der Klasse z.B. die Rolle des Aufrührers, des Klassenclowns oder des angepassten Mitläufers übernimmt.

Der symbolische Interaktionismus geht über eine reine Handlungstheorie hinaus und kann ebenso als Identitätstheorie interpretiert werden, die darlegt, wie sich der Einzelne in der sozialen Interaktion definiert. Identität entwickelt und sozialisiert sich durch Interaktionssituationen, in denen der Einzelne sich selbst in der Interaktion wahrnimmt und an den Erwartungen, die er glaubt, dass andere an ihn herantragen (Mead 1978).

„Self", „Me" und „I"

Die Identität des Einzelnen („Self") in der Sozialisation besteht aus zwei Bestandteilen: zum Einen dem psychischen Selbst („I"), also der Personalen Identität, etwa der genetischen Grundausstattung, der Spontaneität und zum Anderen den sozialen Komponenten („Me's"), also der Sozialen Identität, nämlich den Bildern, die wir glauben, dass sie andere von uns haben. Mead (1978) unterscheidet bei dem Einfluss, den andere auf unsere Identitätsentwicklung nehmen, die *„Signifikant Anderen"*, nämlich Personen, die in der Sozialisation einen persönlichen und individualisierten Einfluss auf uns haben, etwa unsere Eltern oder Lehrkräfte und die *„Generalisierten Anderen"*, also generalisierte Erwartungen an das eigene Verhalten, welche personunabhängig von der Gesellschaft gestellt werden, etwa aufgezeigt an der Aussage an ein Kind: „So etwas tut man nicht!"

Ökologische Systemtheorie der Sozialisation

Urie Bronfenbrenner

Nach der ökologischen Systemtheorie wird die gesamte Gesellschaft als System aufgefasst, das aus Teilsystemen besteht. Jedes Teilsystem wiederum setzt sich aus Untersystemen zusammen, usw. Die Aufschlüsselung setzt sich fort bis zur kleinstmöglichen Einheit. Alle Systeme beeinflussen sich gegenseitig: Die Veränderung eines Systems zieht Veränderungen der anderen Systeme nach sich.

Beispiel

Ein Teilsystem der Gesellschaft wäre beispielsweise die Kirche als Institution, die wiederum aus einzelnen Systemen wie Pfarrgemeinden besteht, die wiederum aus einzelnen Mitgliedern als Untersystem bestehen. Die einzelnen Systeme beeinflussen sich gegenseitig. Die Veränderung eines Systems zieht die Veränderungen auch anderer Systeme nach sich.

Systemgleichgewicht

Ziel eines Systems ist immer, im Gleichgewicht zu sein. Systeme verändern sich sobald ein Ungleichgewicht besteht, um erneut einen Gleichgewichtszustand herzustellen. Demnach findet nach der ökologischen Systemtheorie Persönlichkeitsentwicklung dann statt, wenn das System „Mensch" durch eine Erfahrung aus der Umwelt dazu aufgefordert ist, einen neuen Gleichgewichtszustand herzustellen (Bronfenbrenner 1981).

Beispiel

Auf einer grundlegenden Ebene wird der Mensch versuchen Nahrung aufzunehmen, wenn das Verdauungssystem beispielsweise durch Hungerzustände ins Ungleichgewicht gerät. Auf einer höheren Ebene wird der Mensch, wenn er merkt, dass seine bisherigen Wertevorstellungen mit seinen Lebensvollzügen im Ungleichgewicht stehen, versuchen, entweder seine Handlungen den alten Werten anzupassen oder seine Werteorientierung zu überdenken. Durch eine Scheidung, das Hinzutreten von neuen Partnern in ein Familiensystem oder durch die Geburt eines weiteren Kindes können über ein individuelles System hinaus Ungleich-

Abb. 4

Die fünf Ökosysteme der materialen und sozialen Umwelt (nach Bronfenbrenner 1981)

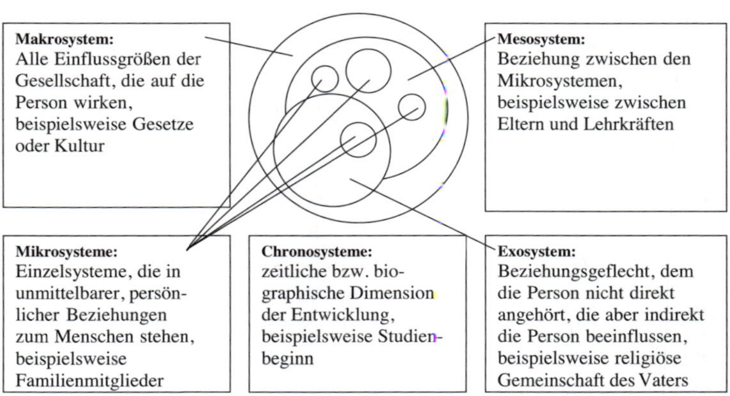

gewichtsprozesse im Sozialsystem „Familie" auftreten, die durch die Entwicklung neuer Handlungsrepertoires wieder ins Gleichgewicht gebracht werden müssen.

fünf Ökosysteme

Urie Bronfenbrenner definiert insgesamt fünf Ökosysteme der materialen und sozialen Umwelt, die ineinandergreifen und die Sozialisation beeinflussen (siehe Abb. 4).

Merksatz

Drei hauptsächliche soziologische Theorien der Sozialisation sind der Strukturfunktionalismus, der davon ausgeht, dass sich Sozialisation über das Hineinwachsen in gesellschaftliche Rollen vollzieht, der Symbolische Interaktionismus, wonach diese Rollen erst kommunikativ ausgehandelt werden, und die ökologische Systemtheorie, nach welcher sich der Mensch im Zusammenspiel ineinandergreifender gesellschaftlicher Systeme sozialisiert.

Sozialisation vor dem Hintergrund postmoderner Gesellschaft | 2.5

Die Risikogesellschaft

Gegenwärtige gesellschaftliche Entwicklungen stellen besondere Anforderungen an den Sozialisationsprozess und die Persönlichkeitsentwicklung des Menschen. Die Schlagworte Risikogesellschaft, postmoderne Gesellschaft und Globalisierung verweisen auf Veränderungen in unserer Gesellschaft, die jeden Einzelnen vor neue, oftmals schwierige Aufgaben stellen. Die verschiedenen Aufbruchbewegungen der Gesellschaft eröffnen dem heutigen Menschen ungeahnte und bisher so nicht erfahrbare Potentiale und Möglichkeiten. Bisherige Schranken hinsichtlich privater und beruflicher Möglichkeiten fallen zunehmend. Instanzen der Vermittlung von Werten und Normen, wie etwa die Kirchen, verlieren an Einfluss. Tradierte Lebensstile, die von der vorherigen Generation übernommen wurden, werden nun selbst definiert und gestaltet. Über die individuelle Befreiung und Emanzipation aus alten Strukturen hinaus entstehen neue Autonomiebewegungen, die ganze Gesellschaftsgruppen ergreifen und Menschen aus Hierarchiestrukturen führen. Hierzu zählen etwa Bürgerinitiativen und die Selbsthilfebewegungen (Stummbaum 2007). Beide Initiativen oder Bewegungen ermöglichen gesellschaftliche und individuelle Mündigkeit und lassen den Einzelnen aus bisherigen Abhängigkeiten und Hierarchiestrukturen hinaustreten.

Sie eröffnen vor diesem Hintergrund eine aufkommende Gemeinschaftsform, die Menschen bei der Bewältigung globaler, beziehungsweise postmoderner Herausforderungen unterstützt und begleitet (Stummbaum 2009; Stummbaum/Stein 2010). Nach der Speyerer Trenderhebung zu Ehrenamt, Freiwilligenarbeit und bürgerschaftlichem Engagement (Gensicke/Picot/Geiss 2005) waren 2004 36 % der Personen zwischen 14 und 24 Jahren, 39 % der Personen zwischen 25 und 59 Jahren und 30 % der Personen ab 60 Jahren in Deutschland in Ehrenämter, Freiwilligendienste, Bürgerinitiativen und bürgerschaftliche Engagementbereiche eingebunden. Im Jahre 2004 engagierten sich zudem in Deutschland etwa drei Millionen Menschen in rund 100.000 Selbsthilfegruppen (Robert Koch Institut 2004).

Diese gestiegene Freiheit des Einzelnen geht jedoch auch mit einer größeren Verantwortung und mit der schwierigen Aufgabe einher, für sich selbst einen festen eigenen Bezugspunkt in der Welt zu finden.

Neue Risiken

Der Entwicklung eines stabilen eigenen Standpunktes setzt die Risikogesellschaft Schranken, welche die Berechenbarkeit und Planbarkeit des eigenen Lebens und gesellschaftlicher Entwicklungen insgesamt minimiert.

Auch wenn jeder Lebensentwurf zu allen Zeiten schon immer mit Risiken des Scheiterns behaftet war, sind die „neuen Risiken" durch die Charakteristika der mangelnden Greifbarkeit, also ihrer „Unsichtbarkeit", und ihrer mangelnden Messbarkeit gekennzeichnet und setzen bei Eintritt irreversible Schäden frei. Die neuen Risiken machen nicht an nationalen und kontinentalen Grenzen halt, sind also gleichsam globalisiert und entziehen sich einer Bearbeitung durch traditionelle politische nationale Strukturen (Beck 1986). Beispiele für neue Risiken sind internationale Finanzkrisen oder Umweltrisiken weltweiten Ausmaßes wie die Erderwärmung. Beiden Risiken kann man nicht mit nationalstaatlichen Maßnahmen begegnen, sondern nur durch das internationale Handeln wie etwa bei den Vereinten Nationen.

Die postmoderne Gesellschaft

Radikale Pluralität

Die postmoderne Gesellschaft, die auch zunehmend als postpostmoderne Gesellschaft bezeichnet wird, ist im Gegensatz zur modernen Gesellschaft charakterisiert durch die radikale Pluralität von Lebensstilen, Werteorientierungen und Lebensmilieus. Unterschiedliche Subkulturen oder Lebensstile werden oftmals in horizontalen Phasen von einer Person in zeitlicher Abfolge während eines Lebens durchlaufen. Die postmoderne Gesellschaft drängt auf Veränderung und fordert als reflexive Gesellschaft dem Individuum ab, sich stets in seinen Werten, seiner Identität und seinem Selbstverständnis zu hinterfragen. Es existieren keine einheitlichen Annahmen über verbindliche Werte wie Gerechtigkeit und Wahrheit sowie keine verbindlichen sinnstiftenden Institutionen wie die Kirchen, welche eine einheitliche Deutungshoheit über Lebensstile und Sinnzusammenhänge anbieten würden. Der Einzelne ist immer wieder darauf zurückgeworfen, sein Bild von sich, seine Beziehungen, seine Lebensstile und Arbeitsformen reflexiv in ihrer Authentizität für das eigene Leben zu überdenken und zu rechtfertigen (Welsch 1993). Zudem wandelt sich das Jahrhunderte lang stark durch Institutionen, wie die Kirche oder die Politik, zementierte Verhältnis der Geschlechter zueinander. Dieses war durch die lebenslange Ehegemeinschaft mit Kindern, außerhalb der es keine sexuelle Beziehung zwischen den Geschlechtern zu geben hatte, charakterisiert und wird zugunsten einer Pluralität von unterschiedlichen Lebens- und Beziehungsmustern aufgebrochen. Auch innerhalb der Beziehungen wandelt sich die Rollenverteilung von Frauen und Männern.

Die Globalisierung

Zusammenrücken der Kulturen

Die postmoderne Gesellschaft wird durch das Phänomen der Globalisierung vorangetrieben. Unter Globalisierung werden Neuerungen gefasst, welche das Zusammenrücken der unterschiedlichsten Kulturen und Weltregionen in allen wirtschaftlichen, gesellschaftlichen, kulturellen, ökologischen und religiösen Bereichen gleichermaßen umschreiben. Die gesamtgesellschaftlichen Veränderungen wirken über die Wandlungen der Arbeitswelt und die Segmentierung und Modifikation des Privaten bis in das Leben des Einzelnen hinein und fordern dem Individuum ein Maximum an Flexibilität und Anpassungsfähigkeit ab.

Soziale Unsicherheit:
Zwischen grenzenloser Optionensteigerung und individuellem Scheitern

Optionensteigerung

Zudem ist die Gesellschaft geprägt von Extremtendenzen. Zum einen besteht die Annahme, dass alles angesichts der grenzenlosen Optionensteigerung und der ungeheuren Pluralisierung möglich ist (Ideal des self-made man), zum anderen werden Menschen sich angesichts des potentiell Möglichen ihrer Grenzen und Unzulänglichkeiten umso bewusster. Ein Scheitern wird als individuelles Versagen gedeutet und wird somit zweifach bestraft. Außerdem vollziehen sich neue soziale Ungleichheiten entlang der Dimensionen der ökonomischen Finanzkraft des Einzelnen im Sinne von Geldmitteln, der wohlfahrtsstaatlichen Sicherheit im Sinne von sozialer Absicherung und der sozialen Einbindung im Sinne von sozialen Privilegien und Netzwerken. Die sozialen Unterschiede lassen sich nicht mehr wie in der klassischen Soziologie anhand von Klassen und Schichten festmachen, sondern vollziehen sich anhand der Dimensionen Arbeitslosigkeit versus Beschäftigung, prekär Beschäftigter versus Normal- oder Großverdiener und sind mit jeweils unterschiedlichen sozialen Sicherheiten, Bildungsmöglichkeiten und Gesundheitsrisiken behaftet. Innerhalb einer Biographie sind unterschiedliche Statuszuweisungen möglich.

Beispiel

So kann ein vormals sicher beschäftigter Angestellter durch Betriebsumstrukturierungen zunächst in die Rolle des Arbeitslosen gedrängt werden und dann gezwungen sein, in sozial unsicherer Position ein prekäres Beschäftigungsverhältnis aufzunehmen, das weder Beschäftigungssicherheit noch dieses Risiko abfedernde Bezahlung impliziert.

Soziale Ungleichheit

Kapitalarten

Angesichts der neuen sozialen Ungleichheiten bricht Pierre Bourdieu die klassische Einteilung in gesellschaftliche Schichten und Klassen nach Maßgabe der Finanzkraft auf und spricht von den „feinen Unterschieden" (vgl. Pierre Bourdieus Hauptwerk „Die feinen Unterschiede", 2007). Unterschiede in der Gesellschaft fußen nicht mehr nur auf den unterschiedlichen finanziellen Ressourcen, sondern auf unterschiedlichen Lebensstilen oder einem generellen, unterschiedlichen Verhalten in öffentlichen Situationen, dem Habitus. Bourdieu geht davon aus, dass es drei Kapitalarten gibt, die jeweils in drei Ausprägungen vorliegen und ineinander überführbar sind:

Tab. 5 | Die drei Kapitalarten nach Pierre Bourdieu (nach Bourdieu 2007)

	Ökonomisches Kapital	Kulturelles Kapital	Soziales Kapital
inkorporierte / internalisierte Ausprägung	Bestimmte Einstellung zum Profit	bestimmtes Wissen	Zugehörigkeit zu einer bestimmten Gruppe
objektivierte Ausprägung	Gelder, Aktienfonds	Bücher, Musikinstrumente	Netzwerke, Mitgliedschaften
institutionalisierte Ausprägung	bestimmte Eigentumsrechte	Titel, Orte des Titelerwerbs	bestimmte Adelstitel, Funktionen

Unter Kapital wird in diesem Zusammenhang nicht nur Geld verstanden, sondern alle Güter, Netzwerke, Titel, kulturelle Errungenschaften etc., durch die sich Menschen, die in der Gesellschaft als erfolgreich und mächtig angesehen werden, von weniger erfolgreichen und einflussreichen Menschen unterscheiden.

Habitus

Die unterschiedlichen Kapitalarten münden in unterschiedliche Habitusarten, das heißt bestimmte Denkmuster, die von bestimmten Wahrnehmungen, Wertorientierungen und Einstellungen zeugen und in bestimmte Lebensstile oder kulturelle Praktiken münden. Somit werden weniger das Ausmaß an verfügbarem monetärem Kapital als mehr die unterschiedlichen Lebensstile und Kulturmuster als Begründer von sozialer Ungleichheit ausgemacht.

Merksatz

Gesellschaftliche Prozesse wie Pluralisierung und Mobilität, welche unter den Schlagworten Risikogesellschaft, postmoderne Gesellschaft, Globalisierung und Polarisierung der Gesellschaft zusammengefasst werden, gefährden sowohl die Entwicklung einer eigenständigen stabilen Identität als auch die Herausbildung einer gemeinsamen Handlungspraxis in sozialen Gruppen und der Gesamtgesellschaft.

Zusammenfassung

In Kapitel 2 wird Sozialisation als lebenslanger, bidirektionaler Prozess vorgestellt, der die Persönlichkeitswerdung und Identitätsbildung des Menschen in kritischer Auseinandersetzung mit der Gesellschaft und die Rückwirkungen des Menschen auf die Gesellschaft beinhaltet. Ziel des Sozialisationsprozesses ist die vollständig entwickelte Identität des Einzelnen und die Herausbildung einer gemeinsamen Handlungspraxis in sozialen Gruppen und der Gesamtgesellschaft. Die sozialen Einflüsse auf den Einzelnen werden dabei über Interaktions- und Kommunikationsprozesse in sozialen Gruppen vermittelt, die als Sozialisationsinstanzen bezeichnet werden. Familie als primäre Sozialisationsinstanz, die Schule als sekundäre Sozialisationsinstanz und die Arbeitswelt und Universität als tertiäre Sozialisationsinstanz üben dabei mit den stärksten Einfluss auf die Sozialisation des Einzelnen aus. Wie sich die Persönlichkeitswerdung vollzieht, versuchen Theorien der Sozialisation zu erklären. Der Strukturfunktionalismus geht davon aus, dass sich Sozialisation über das Hineinwachsen in gesellschaftliche Rollen vollzieht, der Symbolische Interaktionismus erörtert, dass diese Rollen erst kommunikativ ausgehandelt werden müssen und die ökologische Systemtheorie thematisiert Sozialisation als Zusammenspiel ineinandergreifender Systeme. Angesichts gesellschaftlicher Prozesse wie der Pluralisierung und der sozialen Mobilität in der postmodernen, globalisierten Risikogesellschaft sind sowohl die Entwicklung einer eigenständigen stabilen Identität als auch die Herausbildung einer gemeinsamen Handlungspraxis in sozialen Gruppen und der Gesamtgesellschaft gefährdet.

Übungsaufgaben

1 Was versteht man unter Sozialisation und wie hängen die Begriffe Sozialisation, Erziehung, Bildung und Lernen miteinander zusammen?
2 Diskutieren Sie über die Beispiele im Buch hinaus, welche verschiedenen Aufgaben die Familie als primäre Sozialisationsinstanz, die Schule als sekundäre Sozialisationsinstanz und die Arbeitswelt und Universität als tertiäre Sozialisationsinstanz für den Einzelnen übernehmen!
3 Stellen Sie dar, wie Ungleichgewichtszustände in Einzelsystemen und im gesamtgesellschaftlichen Makrosystem Entwicklungsprozesse im Sinne von Sozialisation anstoßen können.
4 Schildern Sie, wie die postmoderne, globalisierte Risikogesellschaft die Entwicklung einer eigenständigen stabilen Identität als auch die Herausbildung einer gemeinsamen Handlungspraxis in sozialen Gruppen und der Gesamtgesellschaft gefährdet.
5 Erläutern Sie, welche Kapitalarten nach Pierre Bourdieu existieren und wie diese ineinander überführt werden können!

Die Antworten finden Sie unter www.reinhardt-verlag.de.

Erziehung

3

Überblick

Das Kapitel zur Erziehung gibt neben einer Definition des Konstrukts Erziehung zunächst einen kurzen Überblick über die Geschichte der Kindheit und Erziehung mit einem besonderen Schwerpunkt auf dem Wandel der Erziehungsziele. Als Eckpunkte verschiedener Haltungen zur Erziehung wird die über viele Jahrhunderte hinweg repressive Pädagogik und Erziehungswirklichkeit dargestellt sowie – als Antwort darauf – Strömungen, die das Eigenrecht des Kindes betonen, wie die Erziehungsansätze Rousseaus, die Reformpädagogik und die antiautoritäre Erziehung.

Es folgt ein Überblick über aktuelle Forschungen zu Erziehungsstil, Erziehungsmitteln und Disziplinierungsstrategien. Erziehungsstil und Erziehungsmittel werden jeweils in ihren Auswirkungen auf die Entwicklung von Kindern diskutiert.

3.1 Definition: Was ist Erziehung?

Begriff der Erziehung

Etymologisch leitet sich der deutsche Begriff der Erziehung von den Begriffen *„ziehen"*, *„züchten"* und *„züchtigen"* ab.

Erziehungsbedürftigkeit und Erziehungsfähigkeit

Der Erziehungsbegriff geht stets von der prinzipiellen Erziehungsbedürftigkeit des Menschen aus, die sich sowohl biologisch als auch philosophisch-pädagogisch herleiten lässt. Biologisch betrachtet sei der Mensch nach dem Anthropologen Gehlen (1961) ein Mängelwesen, das diesen Mangel an biologischer Grundausstattung kompensatorisch über die erzieherische Einführung in bestimmte Normen, Werte, kulturelle Praktiken und in die Sprache beheben müsse. Weil die Handlungen des Menschen nicht direkt durch die Instinkte vorgegeben sind, bieten etwa

Rituale und kulturelle Praktiken Handlungssicherheit. Erziehung basiert auf der anthropologischen Annahme, dass der Mensch erziehungsfähig sei, und somit willens und fähig, sein jetziges Handlungssystem zu verbessern. Erzieherisches Handeln ist ein zunächst stellvertretendes Handeln und damit Hilfestellung eines bereits Mündigen. Mit zunehmender Mündigkeit des zu Erziehenden wird der Erzieher überflüssig. Erziehung ist nicht nur der eigentliche Prozess des Erziehens, sondern auch das Produkt des abgeschlossenen Erziehungsprozesses („*Er hat eine gute Erziehung*" als Charakteristika einer Person).

Definition

„Unter **Erziehung** werden Handlungen verstanden, durch die Menschen versuchen, das Gefüge der psychischen Disposition anderer Menschen in irgendeiner Hinsicht dauerhaft zu verbessern und seine als wertvoll beurteilten Bestandteile zu erhalten oder die Entstehung von Dispositionen, die als schlecht bewertet werden, zu verhüten." (Brezinka 1990, 95)

In seiner als klassisch zu geltenden Definition der Erziehung fasst Brezinka diese vor allem als absichtsvolle, intentionale Handlung auf. Insgesamt können im Erziehungsgeschehen jedoch neben der intentionalen Erziehung noch zwei weitere voneinander abgrenzbare Erziehungsbegriffe unterschieden werden: die funktionale und die extensionale Erziehung (Treml 2000). Oftmals wird der Fehler gemacht, nur die intentionale Erziehung im Rahmen der Pädagogik zu betrachten.

Absichten und Wirkungen von Erziehung

Bei der Erziehung muss zwischen den Absichten der Erzieher und den Wirkungen der Erziehung unterschieden werden. Diese fallen nicht unbedingt zusammen, da Erziehung primär als ergebnisoffener Prozess zu fassen ist. Möglich ist einerseits, dass die Absichten der Erziehung nicht erreicht werden und andererseits, dass auch nicht intendierte Wirkungen mit bestimmten Erziehungsansätzen und -praktiken erreicht werden.

Beispiel

Wenn beispielsweise eine Lehrkraft in der Klasse durch drastische Strafmaßnahmen Ruhe herstellen möchte, kann es geschehen, dass die Absicht nicht erfüllt wird, die Kinder also immer noch laut sind. Dagegen können andere, nicht intendierte Wirkungen auftreten, wie etwa eine Verschlechterung des Klassenklimas oder der Lehrer-Schüler-Beziehung.

Intentionale, funktionale und extensionale Erziehung | Tab. 6

Intentionale Erziehung	Funktionale Erziehung	Extensionale Erziehung
Absichtlich von den Erziehern gesetzte Handlungen, um beim Kind ein bestimmtes Ziel zu erreichen	Erzieherische Effekte, die als Nebenprodukt einer anderen Tätigkeit erreicht werden Teilweise mit Sozialisation gleichgesetzt	Bewusst gesetzte Impulse zum indirekten Lernen, zum Beispiel durch Gestaltung des Settings
Direkte Erziehung Bewusste Erziehung	Indirekte Erziehung Implizite Erziehung	
Beispiel: *Frau Müller fragt ihre Kinder die Englischvokabeln ab, um die Sprache zu festigen und stellt Belohnungen für eine gute Zeugnisnote in Aussicht*	*Beispiel:* *Familie Müller unterhält sich im Urlaub mit Familie Miller aus London, während die Kinder dabeisitzen und sich ihr Englisch festigt.*	*Beispiel:* *Familie Müller schickt die beiden Kinder in den Ferien sechs Wochen nach Ohio in der Hoffnung, dass sie dort ihr Englisch verbessern.*

Selbstsozialisationsprozess

Der Erziehungsprozess versteht sich als Transaktions- und Interaktionsprozess von prinzipiell bidirektionalem und nicht nur unidirektionalem Charakter. Dies bedeutet, dass der zu Erziehende selbst aktives Subjekt ist, welches im Rahmen eines aktiven Selektions- und Selbstsozialisationsprozesses entscheidet, welche der an ihn herangetragenen Kognitionen, Emotionen und Verhaltensweisen er für sich annimmt. Der zu Erziehende interpretiert die Erziehungsmaßnahmen, setzt sie mit dem eigenen bisherigen Verhalten und Erleben in Verbindung und konstruiert hieraus Bedeutungen für sich und sein Verhalten. Damit beeinflusst er auch dauerhaft den Erzieher im Sinne eines gegenseitigen Prozesses.

Erziehung ist in sehr starkem Maße kulturell und historisch geprägt und muss deshalb auch in seiner Geschichtlichkeit betrachtet werden.

Merksatz

Erziehung basiert auf der Erziehungsbedürftigkeit der Menschen und ist ein direkter und indirekter Prozess, mit welchem Personen andere Menschen dauerhaft in ihren psychischen Dispositionen beeinflussen.

Geschichte der Kindheit und Erziehung | 3.2

Kindheit ist nicht nur ein Phänomen, das chronologisch durch Altersgrenzen definiert ist, wie die frühe Kindheit, die mit dem Säuglingsalter und der Kleinkindzeit gleichgesetzt wird, und die späte Kindheit, zu der die Vorschul- und Grundschulzeit bis zum zwölften Lebensjahr gerechnet wird. Sie ist auch nicht nur eine Phase, die durch bestimmte kognitive und soziale Phänomene gekennzeichnet ist (→Kap. 5). Kindheit ist vielmehr auch zeitgeschichtlich und kulturell bestimmt und definiert (Hurrelmann / Bründel 2003).

Kinder als kleine Erwachsene

Auch wenn Kinder natürlich immer Bestandteil jeder Gesellschaft waren, ist die Kindheit als Betrachtungseinheit ein relativ neues Phänomen. Erst seit etwa der Renaissancezeit wird dieser Phase eine eigene qualitative Unterschiedlichkeit zur Phase des Erwachsenenlebens zugebilligt. Bis zum Ende des Mittelalters wurden Kinder als kleine Erwachsene betrachtet. In bäuerlichen und handwerklichen Großfamilien verrichteten Kinder in Abhängigkeit ihrer Körperkraft ähnliche Dienste und Aufgaben wie die Erwachsenen. Auch in den höheren Schichten und dem Adel wurde eine eigenständige Kindheitsphase nicht anerkannt. Kinder waren Spielbälle politischer Entscheidungen, wurden im Kindesalter aus machtpolitischen Erwägungen heraus verlobt oder an andere Fürstenhöfe gegeben. Hintergrund dieses Kindheitsbildes ist auch das damals vorherrschende Bild des Menschen und der Familie. Allgemein wurde dem Menschen keine eigenständige Individualität oder Privatheit zugebilligt; er war Teil der Großfamilie und Bestandteil der gottgewollten Ständegesellschaft. Auch die Familie, die sich heute durch Privatheit, Intimität und die persönliche Nähe der Kleinfamilie auszeichnet, war früher durch die Produktions- und Lebensgemeinschaft der Großfamilie gekennzeichnet, der neben der Kernfamilie des Elternpaares und den Kindern auch Tanten, Onkel, Großeltern, das Gesinde, Diener und Ammen angehörten. Eine eigentliche bewusste Erziehung oder eine Schulbildung im heutigen Sinne fand für die nachwachsende Generation nicht statt; stattdessen wurden die Kinder im Sinne einer funktionalen Erziehung (→ Kap. 2.1) durch die Mitarbeit und das Mitleben in der Erwachsenenwelt in die bäuerliche Produktion, die Handwerkskunst oder das höfische Leben eingeführt (Ariès 1978).

Eigenständige Kindheitsphase

Erst ab dem Ende des Mittelalters entsteht das Bild einer eigenständigen Kindheitsphase, die auch durch Prozesse des Spiels und durch eine prinzipielle geistige und emotionale Andersartigkeit des Kindes gegenüber dem Erwachsenen gekennzeichnet ist. Diese Entwicklung ist durch die größer werdende Rolle der Schule und die Entstehung der auf Liebesbanden beruhenden Kleinfamilie bedingt. Durch eine zunehmende Arbeitsteilung, die eine systematische Erziehung und Bildung voraussetzt, wurden zumindest Kinder höherer Schichten nun nicht mehr direkt durch die Großfamilie in den Arbeitsprozess integriert, sondern es entstanden vermehrt Institutionen, die sich der Erziehung und Bildung annahmen. Ariès spricht davon, dass die Kinder vor dem Eintritt in die Welt der Erwachsenen in den Schulen in einer Art „Quarantäne“ gehalten wurden. Kindern ärmerer Schichten wurde eine eigenständige Kindheit jedoch noch bis weit ins 19. Jahrhundert vorenthalten, da sie weiterhin zum Gelderwerb der Familie beitragen mussten. Während in den Großfamilien des Mittelalters noch eine Einführung in landwirtschaftliche Prozesse und in die Handwerkskunst erfolgte, wurden die arbeitenden Kinder des 19. Jahrhunderts oftmals als billige Handlanger und Fabrikarbeiter körperlich und seelisch ausgebeutet. Ähnliche Phänomene finden wir auch heute in Entwicklungsländern, in welchen Kinder vielfach Funktionen der Erwachsenen übernehmen und voll in Arbeitsprozesse integriert sind. Sie müssen auf kindliches Spiel, auf Schule und Ausbildung verzichten und sind somit ihrer Kindheit beraubt.

Merksatz

Erst ab der frühen Neuzeit wird Kindheit als eigenständige, vom Erwachsenenalter qualitativ abgegrenzte Lebensphase wahrgenommen, die mit bestimmten Bedürfnissen ausgestattet ist und somit einer spezifischen Erziehung und Bildung bedarf.

3.2.1 Repressive Erziehung und Gegenströmungen

Repressive Erziehung

Erst die Entdeckung der Phase Kindheit bedingt eine vertiefte Beschäftigung mit Erziehung.

Ziel der repressiven Erziehung

Erziehung wurde lange sehr repressiv gehandhabt. Sie wurde dabei bis weit in das 20. Jahrhundert hinein als Versuch definiert, das Kind in die gottgewollte Ordnung der Gesellschaft einzupassen. Das Ziel der repressiven Erziehung war die Heranbildung von braven Bürgern und treuen Untertanen, die sich in die als gut erachteten gesellschaftlichen Strukturen einfügen. Klarer Bezugspunkt der Erziehung war bis in die 1950er Jahre das Christentum sowie eine national-patriotische Gesinnung. Die gottgegebene Ordnung fand sich nach diesen Vorstellungen zumindest implizit auch in der gesellschaftlichen und der familiären Ordnung wieder. Das Ziel der Erziehung war deshalb die Fortschreibung der bestehenden Verhältnisse. Gehorsam der Kinder gegenüber den Autoritäten in der Familie und der Schule wurde mit dem Gehorsam der Erwachsenen gegenüber der staatlichen Autorität und jedes Einzelnen gegenüber Gott gleichgesetzt. Zur Fortsetzung der bestehenden Ordnung war die bedingungslose Unterwerfung des kindlichen Willens unter den Willen der Erwachsenen notwendig.

Methoden der repressiven Erziehung

Die repressive Erziehung bediente sich dabei auch notfalls Methoden, die das Ziel verfolgten, den kindlichen Willen zu brechen. Eine philosophische Grundannahme dieser Zeit, die auf Thomas Hobbes zurückgeht, ist, dass das Kind von Natur aus schlecht sei und erst in der Gesellschaft zivilisiert werde.

Schwarze Pädagogik

Diese Erziehungsmethoden, die auf körperlicher Unterdrückung des Kindes und auf seelischer Gewalt, Demütigungen und Einschüchterungen beruhen, wurden von Katharina Rutschky in ihrem gleichnamigen Buch als „Schwarze Pädagogik" (1977) bezeichnet. Die Schwarze Pädagogik setzt dabei primär auf Demütigung und Angst als Mittel der Erziehung sowie auf eine rigoristische Überwachung kindlicher Regungen und systematische Bestrafungen von Abweichungen. Ängste werden bewusst implementiert, um Kinder in Abhängigkeit zu halten.

Beispiel

Ein Beispiel für Kinderliteratur, die Ängste instrumentalisiert, ist der Struwwelpeter, in welchem Daumenlutschen etwa mit der Abtrennung der Daumen geahndet wird oder die Kinder- und Hausmärchen der Gebrüder Grimm, in welchen die Überschreitung von Normen mit grausamster Bestrafung quittiert wird.

Abgelehnt wird zudem alles, was zu einer „Verweichlichung" des Kindes beitragen kann, wie Zärtlichkeit und Zuwendung sowie die Entfaltung von Kreativität und schöpferischen Gaben. Die repressive Erziehung ist körper- und sexualfeindlich und betont alles Rationale unter Ausblendung irrationaler Momente. Ihre Begründung findet die Schwarze Pädagogik etwa auch in den Schriften des Alten Testaments, in welchen vor einer Erziehung gewarnt wird, die Kinder zum Ungehorsam gegenüber den Eltern aufstacheln könnte.

Beispiel

Über die Erziehung aus dem Alten Testament, Buch Jesus Sirach, 30, 1–13: „Wer seinen Sohn liebt, hält den Stock für ihn bereit [...]. Wer den Sohn verzärtelt, muss ihm einst die Wunden verbinden; dann zittert bei jedem Aufschrei sein Herz. [...] Verzärtle den Sohn und er wird dich enttäuschen; scherze mit ihm, und er wird dich betrüben. Lach nicht mit ihm, sonst bekommst du Kummer und beißt dir am Ende die Zähne aus. Lass ihn nicht den Herrn spielen in der Jugend; lass dir seine Bosheiten nicht gefallen! Beug ihm den Kopf in Kindestagen; schlag ihn aufs Gesäß, solange er noch klein ist, sonst wird er störrisch und widerspenstig gegen dich, und du hast Kummer mit ihm. Halte deinen Sohn in Zucht, und mach ihm das Joch schwer, sonst überhebt er sich gegen dich in seiner Torheit."

Auch heute noch ist eine repressive Erziehung weltweit verbreitet. In Deutschland wurde erst ab 1973 das körperliche Züchtigen in der Schule und ab 2000 im Elternhaus verboten.

Auch für Menschheitskatastrophen wie die Weltkriege und den Holocaust wird der preußische Drill, verbunden mit einer völkischen, repressiven und auf kritiklosem Gehorsam aufbauenden Erziehung, verantwortlich gemacht. Alice Miller stellt etwa in ihrem Buch „Am Anfang war Erziehung“ (1980) die schlimmsten Auswüchse einer völlig entmenschlichten Erziehung an drei Fallgeschichten dar. Eine der Fallgeschichten befasst sich mit der Kindheit Adolf Hitlers. Die von ihm erlebte Erziehung weist alle Dimensionen einer Schwarzen Pädagogik auf, die primär auf Gewalt, Gefühlskälte und Demütigung baut.

Beispiel

Beispiele für Schwarze Pädagogik finden sich auch in vielen literarischen Zeugnissen, wie etwa im Roman „Unterm Rad“ von Hesse, in welchem der Protagonist Opfer eines unmenschlichen und rein formalen Schulsystems sowie einer auf Unterdrückung beruhenden Erziehung wird.

Gegenentwürfe zur repressiven Erziehung

Schon zu allen Zeiten wurden Gegenentwürfe zur repressiven Erziehung entwickelt, etwa im Zuge des Idealismus und der Aufklärung bei Rousseau, in der Reformpädagogischen Epoche um die Jahrhundertwende vom 19. zum 20. Jahrhundert und im Rahmen der Bestrebungen der Antiautoritären Erziehung des 20. Jahrhunderts.

Die natürliche Erziehung Rousseaus

Jean-Jacques Rousseau

Im Zeitalter der Aufklärung postuliert Jean Jacques Rousseau eine Abkehr von der Unterwerfung des Kindes unter die Gesellschaft und unter Bestrafungsriten der Autorität und vertritt eine Rückkehr zur Natur als Erzieherin durch natürliche Verhaltenskonsequenzen, die er in seinem Erziehungsroman „Emile“ darlegt. Er wendet sich gegen die bedingungslose Anpassung der Kinder an eine verdorbene Kultur und unsittliche Gesellschaft.

Jean-Jacques Rousseau (1712–1778)

1712 in Genf geboren, verlebt er bis zu seinem 12. Lebensjahr eine schöne Kindheit, die mit der Flucht des Vaters aus Genf endet. Infolge einer neuen Eheschließung kümmert sich der Vater nicht mehr um Jean-Jacques, der bei einem Genfer Kupfermeister in die Lehre kommt. Rousseau kehrt nach einem Spaziergang nicht mehr zu seinem Lehrmeister zurück, bei dem er sehr unglücklich war, sondern flüchtet ins benachbarte Savoyen zu Frau von Warens. Dieses Verhältnis zu einer zwölf Jahre älteren Frau prägte ihn intellektuell wie auch emotional stark. Rousseau fasst in Paris Fuß und umgibt sich mit vielen fortschrittlichen Denkern. Mit Thérèse Levasseur bekommt er fünf Kinder, die er jedoch nicht selbst aufzieht, sondern in Institutionen abgibt. Rousseau stirbt überraschend 1778.

Rousseaus Hauptwerke sind der „Contrat social" (Gesellschaftsvertrag) und der „Emile", die beide 1762 erscheinen. „Emile" wird von der Obrigkeit wegen seines revolutionären Erziehungsansatzes konfisziert.

Erziehungsroman „Emile"

Der Erziehungsroman „Emile" gliedert sich in insgesamt fünf Bücher, die sich thematisch unterschiedlichen Erziehungsbereichen, unterschiedlichen Kindheitsspannen und der unterschiedlichen Erziehung der Geschlechter annehmen. Rousseau steht mit seinem Erziehungskonzept in der Tradition der Aufklärung, überwindet diese aber gleichzeitig. Mit der Aufklärung verbindet ihn in erster Linie die Reformfreudigkeit mit dem Versuch, Erziehung und Gesellschaft zu verbessern. Dem entgegen steht antiaufklärerisch sein Kulturpessimismus: Er weist den Fortschrittsgedanken weit von sich und protestiert gegen die Unnatur der Kultur, die sich seiner Meinung nach durch abstrakte Maximen, Luxus, Zügellosigkeit der Sitten, Untergrabung des Glaubens und Vernichtung der Tugend auszeichnet. Des Weiteren betont er weniger als die Aufklärung die Rationalität, sondern mehr persönliches Gefühl und Gewissen. Die Frage, ob die Erneuerung der Wissenschaften und Künste zur Läuterung der Sitten beigetragen habe, beantwortet Rousseau in seinem 1. Discours konsequent mit einem klaren Nein. Entsprechend müssen Kinder während des Aufwachsens aus der Gesellschaft herausgelöst und in der Natur erzogen werden, wo verderbliche Einflüsse zurückgedrängt sind: *„Alles ist gut, wenn es aus den Händen des Schöpfers hervorgeht; alles entartet unter den Händen der Menschen."* (Erster Satz des Erziehungsromans „Emile").

Natürliche Erziehung

Dieser natürlichen Erziehung werden alle Standes- und Berufserziehungen untergeordnet. Rousseau ist damit einer der Vorläufer einer „Pädagogik vom Kinde aus", die davon ausgeht, dass das Kind kein kleiner Erwachsener ist, sondern mit einer eigenen Natur ausgestattet ist.

Anders als in der repressiven Erziehung angenommen, ist hier das Kind von Natur aus gut. Ziel ist es, diese gute Natur des Kindes wachsen zu lassen. Dementsprechend soll der Erzieher nur indirekt wirken. Er soll Entwicklungshemmungen und -verbiegungen verhüten und dem Kind die bedenkliche Kultur so lange wie möglich vorenthalten. Entscheidend soll die eigene Erfahrung des Menschen sein, der Erzieher soll nur beobachten. Rousseau wendet sich gegen die Vielwisserei und das reine Buchwissen seiner Zeit und fordert ein exemplarisches Lernen anhand eigener Erfahrungen.

Negative Erziehung

Diese Erziehung wird als negative Erziehung bezeichnet. Sie ist von so wenig Projektion von außen wie möglich gekennzeichnet und wirkt durch die Gestaltung von pädagogischen Settings, die vom Erzieher vorausschauend geplant und arrangiert werden. Strafen sind natürliche Konsequenz aus dem Verhalten, nicht moralische oder sittliche Ermahnungen oder gar körperliche Züchtigung. Die Grenzen des Kindes sollen nicht diejenigen sein, die der Erzieher setzt, sondern die, die die Natur in ihrem Sachzwang vorgibt.

Beispiel

Beispielhaft für natürliche Konsequenzen wird das Kind genannt, das ein Fenster eingeworfen hat. Der Erzieher straft nicht, sondern das Kind erlebt die negativen Konsequenzen seines Tuns darüber, dass es durch den kalten Luftzug eine Erkältung bekommt.

Reformpädagogische Erziehungsansätze

Reformpädagogische Ansätze

Rousseaus Erziehungsansätze der natürlichen und der negativen Erziehung finden eine breite Rezeption in den reformpädagogischen Ansätzen der Jahrhundertwende. Die reformpädagogischen Strömungen üben scharfe Kritik am Geist und der Erziehung des in Militarismus, Nationalismus und starrem Konservativismus erstarrten 19. Jahrhunderts. Insbesondere die Jugend zeigt sich nicht mehr bereit, den konservativen Vorgaben der Erwachsenenwelt und dem bedingungslosen Fortschrittsglauben der Zeit zu folgen. Äußere Entwicklungen wie die Industrialisierung, die Mobilität, die Verstädterung und der Militarismus führen zu innerer Entfremdung von der eigenen Person und vom Mitmenschen als Beziehungsperson. Der Fortschrittsglaube wird insbesondere durch Zäsuren wie den ersten Weltkrieg in seinen Grundfesten erschüttert. Ebenso wie Rousseau besinnt sich die reformpädagogische Bewegung auf die eigentliche Natur des Menschen und des Kindes, auf die Bedeutung des Unverfälschten, Natürlichen, selbst Erfahrenen zurück. Ähnlich wie bei Rousseau glaubt man auch, durch die Schaffung einer neuen Erziehungswirklichkeit die Gesellschaft positiv verändern zu können. Die verschiedenen Strömungen der Reformpädagogik wenden sich dabei gegen unterschiedliche negative Auswüchse der erstarrten Gesellschaft des 19. Jahrhunderts.

Jugendbewegung

Die Jugendbewegung (Vertreter: z.B. Karl Fischer, Gründer der Jugendbewegung des Wandervogels) wendet sich in erster Linie gegen ein von Autorität und Hierarchie geprägtes Generationenverhältnis. Sie setzt sich für die Selbsterziehung und Selbstentfaltung der jungen Generation in Jugendgemeinschaften in der ursprünglichen Natur fern der Großstädte ein.

Kunsterziehungsbewegung

Die Kunsterziehungsbewegung (Vertreter: z.B. Avenarius, Götze, Lichtwark) wendet sich gegen den in sich erstarrten Bildungskanon der allein auf Buchwissen und geistige Beschäftigung setzenden Schule des 19. Jahrhunderts. Sie fördert dagegen die schöpferischen und irrationalen Kräfte im Menschen, der durch ästhetisches Erleben und schöpferisches Gestalten etwa in der Malerei oder im freien Aufsatz zur Erfassung der Wirklichkeit befähigt werden soll.

Arbeitsschulbewegung

Die Arbeitsschulbewegung oder die Produktionsschulbewegung (Vertreter: Gaudig, Kerschensteiner, Oestreich) kritisiert die auf reinen Intellektualismus bauende Buchschule und fördert die geistige und körperliche Selbsttätigkeit des Kindes in Schulgärten, Schulwerkstätten, aber auch in den wissenschaftlichen Fächern nach dem Prinzip des *„learning by doing“*.

Landerziehungsheime und Lebensgemeinschaftsschulen

Landerziehungsheime und Lebensgemeinschaftsschulen (beispielsweise Odenwaldschule von Geheeb, Bielefelder Laborschule von Hentig, Internatsschule von Lietz, Freie Schulgemeinde Wickersdorf von Weyneken, Jena-Plan-Schule von Petersen, Waldorf-Schulen von Steiner) fördern ein ganzheitliches, gemeinschaftliches Schulleben, welches sich nicht auf die Vermittlung von Wissen beschränkt, sondern auch das Gefühl, schöpferische Kräfte, die soziale Gemeinschaft und die Herausbildung eines eigenständigen Wertekonzepts sowie einer reifen Persönlichkeit betont. Dies geschieht durch eine größtmögliche Selbstverwaltung der Schülerschaft, den Abbau von Hierarchieschranken zwischen Erziehenden und Erzogenen, Selbsttätigkeit im geistigen, musischen, körperlichen und handwerklichen Bereich sowie durch die Übernahme von sozialen Diensten. Anders als in den gesichtslosen Massenlernanstalten der Großstädte wird zu den einzelnen Schülerinnen und Schülern ein persönlicher Bezug aufgebaut. Wie bei Rousseau werden die Schulen aus den urbanen Zentren herausgelöst und finden sich zumeist in der natürlichen, unverfälschten *„pädagogischen Provinz“*.

Pädagogik vom Kinde aus

Die Strömung der Pädagogik vom Kinde aus (Vertreter: z.B. Key, Korczak, Montessori, Otto) betont in besonderem Maße die Ansätze der natürlichen und der negativen Erziehung Rousseaus sowie seine Annahmen zur Natur des unschuldigen Kindes, das durch die Gesellschaft gebrochen wird. Die Pädagogik vom Kinde aus entwirft das Bild des Erziehers als Gärtner, der Entfaltung der Kinder fördert und nicht die kindliche Persönlichkeit manipuliert, formt und unterdrückt (Honig 1999; Reble 1999).

Maria Montessori

Mit die bedeutendste Vertreterin der Reformpädagogik ist Maria Montessori, die exemplarisch in ihrer Pädagogik betrachtet werden soll.

Maria Montessori (1870–1952)

Maria Montessori wurde 1870 in Chiaravalle bei Ancona geboren. Als erste Italienerin erkämpfte sie sich ein Hochschulstudium der Medizin und arbeitete als Dozentin an der Universität Rom. Ihre Arbeit mit Kindern begann sie in der Förderung von Kindern mit geistigen Behinderungen, die ohne geistige Anregungen Phänomene des Hospitalismus zeigten. Ihre Erfolge in der Förderung dieser Kinder mit didaktischem Material übertrug sie auch auf gesunde Kinder („*Montessori-Material*“). 1907 begründete sie im Arbeiterviertel San Lorenzo von Rom ihre Kinderhäuser, in welchen vernachlässigte Kinder mit diesen didaktischen Materialien gefördert wurden. Maria Montessori starb 1952 in Noordwijk-an-Zee in den Niederlanden.

Montessoris Hauptwerke sind „Die Entdeckung des Kindes“, und „Die Macht der Schwachen“.

Die Entdeckung der Förderung durch didaktisches Material stützt sich auf zufällige Beobachtungen Montessoris von Kindern, die sich selbstvergessen mit bestimmten Objekten intensiv und konzentriert beschäftigen: So entwickelt sie ihren Entschluss Ärztin zu werden und sich Kindern zu widmen, bei der Beobachtung eines armen Kindes, das in den Straßen Roms mit einem roten Papierstreifen spielt; dass Kinder eine anregende Umgebung brauchen, schließt sie aus der Beobachtung geistig behinderter, hospitalisierter Kinder, die selbstvergessen ihr Brot zu Kügelchen formen und damit spielen; ihr berühmtes Montessori-Sinnesmaterial entwickelt sie nach der Beobachtung eines kleinen Mädchens, das selbstvergessen mit einem Einsatzzylinder spielt und sich nicht durch andere Kinder oder Erzieher ablenken lässt.

„Polarisation der Aufmerksamkeit"

Dieses Phänomen der vollkommenen Aufmerksamkeitsbindung an ein bestimmtes Objekt bezeichnet Montessori als „Polarisation der Aufmerksamkeit", welches der Auffassung entgegen steht, dass Kinder unkonzentriert seien und man sie von außen zur Aufmerksamkeit disziplinieren müsse. Aus ihren Beobachtungen des Phänomens der Polarisation der Aufmerksamkeit schließt Montessori, dass Kinder sich selbst entwickeln, wenn ihre Sinne entsprechend durch Materialien angeregt werden.

Montessori-Sinnesmaterialien

Montessori schafft eine Reihe von Montessori-Sinnesmaterialien (z.B. Materialien wie Würfel, Stäbe, unterschiedliche Oberflächen bei Stoffen), welche eine selbstgewählte Beschäftigung des Kindes erlauben und zu einer Polarisation der Aufmerksamkeit beitragen.

„Übungen des praktischen Lebens"

Ihre Erziehung findet in einer kindgerecht gestalteten Umgebung statt, die „Übungen des praktischen Lebens" ermöglicht, wie die Pflege von Tieren, Vorbereiten von Mahlzeiten, Rhythmusübungen oder ähnliches (Montessori 1989; Montessori 1996; Oswald/Schulz-Benesch 1993).

Antiautoritäre Erziehung

Einen besonders radikalen Bruch mit den repressiven Erziehungsmaximen der Zeit, welche den kindlichen Willen unterdrücken, vollzieht die Antiautoritäre Erziehung. Kaum eine pädagogische Programmatik wird so oft missverstanden wie die Antiautoritäre Erziehung. Oftmals wurde darunter ein völliges Laissez faire verstanden, bei dem den Kindern keinerlei Grenzen gesetzt werden und sie die Erwachsenen tyrannisieren. Die Erziehungsansätze des Begründers der Antiautoritären Erziehung, Alexander Sutherland Neill, sind jedoch demokratisch ausgerichtet und fordern nicht alle Rechte für das Kind, sondern die *gleichen* Rechte für Kinder wie für Erwachsene. Seine Ansätze hat er in seiner Summerhill Schule umgesetzt.

Alexander Sutherland Neill (1883–1973)

1883 wird er in Schottland geboren. Vater und Mutter sind Lehrer und genau den Werten verpflichtet, die Neill später stark ablehnt. Neills Kindheit ist von einem konservativen Calvinismus geprägt (Vorlesen aus Predigtsammlungen, Lernen von Bibelpassagen, Furcht vor der Todsünde und minutiöse Beschreibungen der Höllenqualen für die Sünder), Drill und Prügel in Schule und Elternhaus für schlechtes Betragen und Minderleistungen sowie stupide Hausaufgaben und Auswendiglernen: Jeden Tag mussten die Kinder der Neills auf die Trillerpfeife des Vaters hin zu den Hausaufgaben antreten.

Trotz der strengen und repressiven Maßnahmen sind Neills Leistungen sehr schlecht, so dass sich hochfliegende Pläne der Eltern zerschlagen und er von seinem Vater das Handwerk des Dorfschullehrers erlernt: *„Es ist hoffnungslos mit dem Jungen", sagte mein Vater düster. „Dann soll er Lehrer werden", schlug Mutter vor. „Dafür könnte es genügen", sagte Vater grimmig und ohne zu lächeln."* (Neill 1973, 74). Als Lehrer agiert Neill zunächst ebenfalls ausgesprochen repressiv. Jedoch wandelt sich seine Haltung den Kindern gegenüber durch ein Erlebnis mit einem kleinen Jungen, den er mit einem Gürtel schlug: *„Mir kam ein neuer, plötzlicher Gedanke. Was tue ich da? Dieser Junge ist klein, und ich bin groß. Warum schlage ich jemanden, der nicht meine Größe hat? Ich warf meinen tawse ins Feuer und schlug nie wieder ein Kind."* (Neill 1973, 11). Im Rahmen einer Vertretung eines Schulmeisters in Gretna Green öffnet Neill seinen Unterricht neuen Ideen: *„Aus der stillen Schule wurde ein Gartenlokal voller Lärm und Gelächter. Aber wir hielten die üblichen Unterrichtsstunden und sie lernten vermutlich nicht weniger als wenn sie Angst vor mir gehabt hätten."* (Neill 1973, 122). 1918 nach einer schweren Erkrankung kommt Neill mit Freuds Psychoanalyse in Kontakt, die ihn nachhaltig prägt. Er wird Mitgründer der „Internationalen Schule" in Hellerau bei Dresden und mietet 1924 das Haus „Summerhill" in Lyme Regis, in welchem er sich mit seiner Frau auf die Beschulung und Betreuung von Problemkindern mit Hilfe seiner antiautoritären Erziehung spezialisiert. 1973 stirbt Alexander S. Neill.

Seine Programmatik der Antiautoritären Erziehung legt er 1960 in seinem Welterfolg „Theorie und Praxis der antiautoritären Erziehung. Das Beispiel Summerhill" dar, welches die Antiautoritäre Bewegung der 1960er Jahre maßgeblich beeinflusste.

Das unfreie Kind

Anthropologisch stellt Neill das unfreie Kind dem freien Kind gegenüber. Das unfreie Kind ist durch systematische repressive Unterwerfung und Überwachung aller seiner Regungen geformt und wünscht fanatisch, unauffällig, konventionell und korrekt zu sein. Im späteren Erwachsenenleben läuft dieses Kind laut Neill Gefahr, seine Komplexe und Frustrationen an die eigenen Kinder weiterzugeben, da es nicht zu Reflexion fähig ist. Eine wirkliche Bindung an die Mitmenschen ist nicht möglich, Beziehungen basieren auf äußeren anerzogenen Höflichkeitsfloskeln. Fällt der Zwang weg, leben Kinder und Erwachsene, was ihnen früher verboten wurde.

Das freie Kind

Das freie Kind hält die menschliche Natur für gut, und kann seine elementaren Bedürfnisse frei entwickeln und stillen. Es ist frei aber nicht zügellos, weil es sensibel ist und auch die Rechte des anderen achtet. Es hat nicht alle Rechte wie das verwöhnte Kind, hat jedoch auch nicht keine Rechte wie das disziplinierte Kind, sondern hat die gleichen Rechte wie die Erwachsenen und übernimmt Verantwortung für sich und andere. Es ist frei von Aggressivität, aufrichtig und liebevoll.

Freiheit und Gleichberechtigung

Das Kind kann durch antiautoritäre Erziehung aus dem repressiven Korsett von Vorschriften und Unfreiheit herausgelöst werden. Hierbei erfährt das Kind eine prinzipielle Wertschätzung der menschlichen Natur mit ihren Regungen. Die Grundprinzipien sind Freiheit und Gleichberechtigung. Kindern wird zugestanden, nach ihren eigenen Gesetzen zu leben: Das Kind darf selbst entscheiden, was es glauben, mit was es spielen und ob es in die Schule gehen will oder nicht. Hinsichtlich bestimmter religiöser, sozialer und politischer Gesinnung darf keine Erziehungszensur herrschen. Kinder, Eltern und Erzieher genießen dieselben Rechte und Pflichten; auch kleinste Kinder haben ein genauso großes Gewicht in der Familie wie die Eltern. Neill macht bezüglich der Freiheit des Einzelnen zweierlei Einschränkungen:

Beispiel

1. Das Kind erfährt, wann es die Grenzen des anderen überschreitet, und lernt Rücksichtnahme, indem es die Freiheit, die Wünsche und Rechte des anderen auf Einzigartigkeit genauso zu respektieren lernt wie seine eigenen: Beispielsweise *hält Neill die Erziehung einer Mutter für verfehlt, die ihr Kind die Haustür der Familie mit roter Tinte bemalen ließ. Das eigene Kinderzimmer dürfte das Kind jedoch als sein eigenes Reich schon bemalen.*
2. Die Freiheit des Kindes hört dort auf, wo es sich selbst gefährdet. *Beispielsweise sichert Neill die Feuerleiter in Summerhill und es ist den Kindern und Jugendlichen verboten, ohne Lehrer oder Bademeister zu schwimmen.*

Summerhill

Seine antiautoritären Erziehungsideen übertrug Neill auf seinen Unterricht in Summerhill: Es bestehen keinerlei Disziplinarmaßnahmen von Seiten der Autoritäten und keine suggestive Beeinflussung durch ethische oder religiöse Belehrung. Die Teilnahme am Unterricht ist freiwillig; jedoch werden die Schülerinnen und Schüler angehalten, ihre Ziele zu formulieren und auch gemeinsam mit den Lehrkräften Wege zur Zielerreichung, zum Beispiel zu einem bestimmten Schulabschluss, zu erarbeiten. Kinder, die ab dem Schuleintritt in Summerhill sind, gehen meistens von Anfang an jeden Tag zur Schule. Kinder von anderen Schulen durchlaufen oft eine „Genesungsphase", bis sie sich von den traumatischen Erfahrungen an anderen Schulen erholt haben. Der Stundenplan richtet sich nach Alter und Interesse der Schülerschaft (Neill 1973; 1996).

Merksatz

Zu allen Zeiten wurden Gegenentwürfe zur repressiven Erziehung entwickelt, etwa die natürliche Erziehung bei Rousseau, die „Erziehung vom Kinde aus" in der Reformpädagogik oder die Antiautoritäre Erziehung, die alle die kindlichen Eigenarten, Selbsttätigkeit und Autonomie in den Mittelpunkt des Erziehungsgeschehens rücken.

Wandel der Erziehungsziele

3.2.2

Die Entwicklung der Erziehung weg von repressiven Ansätzen hin zu einer demokratischeren, integrativeren Erziehungskultur zeigt sich im Wandel von Erziehungsstilen (→ Kap. 3.3.1), Erziehungsmitteln (→ Kap. 3.3.2), aber vor allem auch in veränderten Erziehungszielen in Familie und Gesellschaft.

Definition

„Beim **Erziehungsziel** handelt es sich um eine normative Vorstellung von der Person – mit ihren Einstellungen, Empfindungen und Verhaltensweisen – am Ende des Erziehungsprozesses." (Huppertz/Schinzler 1995, 52)

Inhalte und Dimensionen von Zielen

Erziehungsziele müssen dabei nicht offen kommuniziert werden und sind teilweise nur indirekt aus dem Verhalten der Erziehenden zu schließen. Sie können auf unterschiedlich konkreten Ebenen formuliert sein. Eine Lehrerin, die fordert, dass Kinder in der Klasse Verantwortung übernehmen sollen, formuliert ihr Ziel abstrakter als eine, die Rücksichtnahme für Schwächere im Sportunterricht fordert. Erziehungsziele beziehen sich auf unterschiedliche Inhaltsbereiche. Walker und Soltis (1986) unterscheiden sachbezogene (z.B. Leistungsbereitschaft), personenbezogene (z.B. Selbstverantwortlichkeit) und gesellschaftsbezogene Erziehungsziele (z.B. Verantwortungsübernahme). Erziehungsziele beziehen sich auf unterschiedliche Dimensionen, nämlich die kognitive (z.B. intellektuelle Neugier), die soziale (z.B. Mitleidsfähigkeit) und die emotionale Dimension (z.B. Lebensfreude).

Kaum ein Bereich der Pädagogik unterliegt so sehr gesellschaftlichen Strömungen wie der Bereich der Erziehungsziele. Während früher das Einfügen in die Gemeinschaft, die a priori als gut angesehen wurde,

Hauptziel von Bildung und Erziehung war, werden heute Emanzipation und Mündigkeit sowie ein kritisches Hinterfragen der gesellschaftlichen Wirklichkeit gefordert (Giesecke 1990).

Konformitäts- und Selbstentfaltungswerte

Auch im Elternhaus zeigen sich infolge eines Wertewandels veränderte Erziehungsziele.

Studie

Das EMNID-Meinungsforschungsinstitut erhebt seit 1951 regelmäßig die Erziehungsziele der Eltern anhand der Frage ‚*Auf welche Eigenschaften sollte die Erziehung der Kinder vor allem hinzielen?*' Drei Antwortkategorien wurden standardmäßig vorgegeben: die Werte der Autonomie ‚Selbstständigkeit und freier Wille', die Konformitätswerte ‚Gehorsam und Unterordnung' und die Leistungswerte oder Sekundärtugenden ‚Ordnungsliebe und Fleiß'. Während früher insbesondere die so genannten Sekundärtugenden oder traditionellen Werte wie Fleiß, angestrebt wurden, rücken nun zunehmend „moderne" Erziehungswerte in den Vordergrund. Diese Werte sind zum einen auf das bestmögliche eigene Fortkommen ausgerichtet, wie etwa die Durchsetzungsstärke, andererseits auch auf die Gemeinschaft oder allgemein das Kollektiv bezogen, wie etwa Werte der Verantwortungsübernahme (Tacke 1998). Abbildung 5 zeigt die Entwicklung der Einstellung zu den Erziehungszielen zwischen 1951 und 1998.

Abb. 5

Wandel der Erziehungsziele von 1951 bis 1998 (nach Tacke 1998, 34)

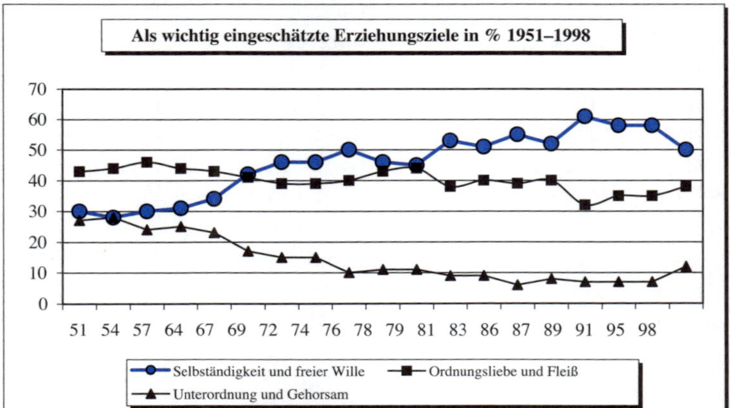

Der Wandel weg von den Konformitätswerten hin zu den Selbstentfaltungswerten vollzieht sich dabei in der Bevölkerung insbesondere in den 1960er Jahren. Auffällig ist ferner die Renaissance der traditionellen Sekundärtugenden, ausgedrückt in der Kategorie ‚Ordnungsliebe und Fleiß', deren Bedeutung ab 1990 wieder ansteigt, während auch die Gunst für ‚Gehorsam und Unterordnung' mäßig steigt und die Präferenz für ‚Selbstständigkeit und freier Wille' um 10 % fiel.

Eltern bewerten im Zuge der Erziehung ihrer Kinder die eigenen erlebten Kindheitserfahrungen neu und prüfen diese auf ihre Tragfähigkeit für eine heutige Erziehung. Eltern, welche eine aktive kognitive Auseinandersetzung mit der eigenen erlebten Erziehung vornehmen, unterscheiden sich in Inhalten und Methoden der Erziehung und auch in den gesetzten Erziehungszielen stärker von ihren Eltern als Personen, welche diese bewusste Auseinandersetzung nicht vornehmen.

Merksatz

Erziehungsziele als normative Vorstellungen von der zu erziehenden Person sind auf unterschiedlichen Abstraktionsebenen und in unterschiedlichen Bereichen (kognitiv, sozial, emotional) fassbar und verschoben sich in der Prioritätensetzung der Eltern weg von Zielen der Konformität und Anpassung hin zu Zielen der Selbstentfaltung.

3.3 Erziehung und ihr Zusammenhang mit der Entwicklung von Kindern und Jugendlichen

3.3.1 Erziehungsstil

Das Erziehungsziel hängt eng mit dem Erziehungsstil sowie den gewählten Erziehungsmitteln zusammen. Eltern, die Kinder zu Selbstverantwortung erziehen möchten, werden ihr Ziel eher mit einem demokratischen Erziehungsstil und psychologischen Erklärungen verfolgen, während Eltern, die Konformität und Anpassungsbereitschaft als hauptsächliche Ziele verfolgen, eher mit einem sehr autoritären Erziehungsstil und körperlicher Züchtigung agieren werden (Huppertz/Schinzler 1995).

Definition

Der **Erziehungsstil** ist die „interindividuell variable, aber intraindividuell vergleichsweise stabile Verhaltenstendenz von Erziehern, in erziehungsthematischen Situationen auf Verhaltensweisen von Kindern zu reagieren. Erziehungsstile sind demnach Muster von Erziehungsmaßnahmen." (Latzko 2006, 14).

Abb.6

Vierkategorienmodell der Erziehungsstile (nach Baumrind 1971)

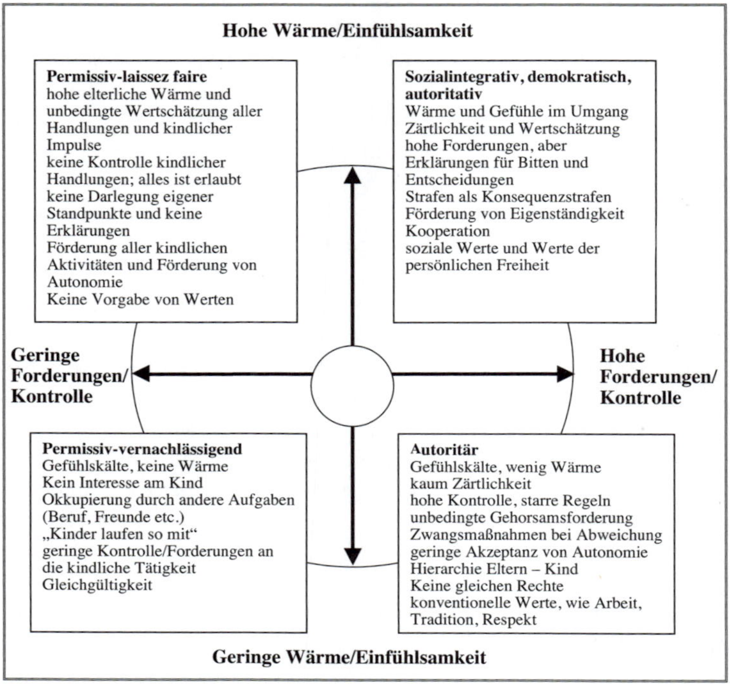

Vier Erziehungsstile

Insgesamt werden drei beziehungsweise vier Erziehungsstile unterschieden, in Abhängigkeit von der Wärme beziehungsweise Freundlichkeit, welche die Eltern zeigen (1. Dimension), und in Abhängigkeit von Nachgiebigkeit beziehungsweise zugestandener Autonomie (2. Dimension) (vgl. Baumrind 1971).

Einflussfaktoren auf den Erziehungsstil

Einflussfaktoren auf den Erziehungsstil sind die Elternpersönlichkeit, die kindliche Persönlichkeit, die Qualität der Partnerbeziehung, die finanzielle Situation in der Familie und das soziale Netz.

Beispiel

Eltern, die selbst stark psychisch belastet sind, in wenig glücklichen, finanziell angespannten Partnerbeziehungen leben, selbst einen repressiven Erziehungsstil erlebten und die Kinder haben, die unruhig und schwierig sind, reagieren insbesondere dann mit einem harten, autoritären Erziehungsverhalten, wenn sie von außen wenig Hilfestellung durch ein informelles soziales Netz oder durch professionelle Beratung erhalten.

Automatische Zusammenhänge gibt es jedoch im Bereich des Erziehungsstils nicht! Ähnliche Erziehungsstile wie im Elternhaus finden sich auch in der Schule, in Kindergärten und in Institutionen wie Jugendheimen (Huppertz / Schinzler 1995).

Erziehungsmittel und Disziplinierungsarten

3.3.2

Definition

Unter dem elterlichen **Disziplinierungsverhalten** beziehungsweise den Erziehungsmitteln wird der Einsatz von Verstärkern zur Aufrechterhaltung eines erwünschten Verhaltens oder zur Aufhebung und Abschwächung eines unerwünschten Verhaltens verstanden. Disziplinierungsverhalten erfolgt als Rückmeldung auf das Verhalten des Kindes hin. Die hierzu eingesetzten Erziehungsmittel umfassen materiale und soziale Verstärker wie etwa Lob, Schimpfen oder Belohnungen.

Es ist in der Pädagogik eine schwierige Frage, welche Erziehungsmittel wann eingesetzt werden können und sollen und welche Auswirkungen der Einsatz hat. Bei einer repressiven Erziehung werden Zwangsmaßnahmen und Erziehungsmittel immer dann eingesetzt, wenn das Kind sich nicht gemäß den Vorgaben des Erwachsenen verhält. Unterscheidungen zwischen der Tat des Kindes und der Absicht werden selten hergestellt.

Beispiel

So werden bei einer repressiven Erziehung etwa einnässende Kinder bestraft, auch wenn sich dieses Verhalten einer willkürlichen Kontrolle entzieht und eventuell Ausdruck einer psychischen Notlage ist, die durch die Strafe weiter verstärkt wird.

Direkte und indirekte Erziehungsmittel

Die Erziehungsmittel können unterschiedlich kategorisiert werden. Auf einer sehr allgemeinen Ebene unterscheidet Geissler (1982) direkte und indirekte Erziehungsmittel. Direkte Mittel sind dabei das Gewähren positiver Anreize (Lob, Süßigkeiten als Belohnung etc.), während indirekte Erziehungsmittel das Herstellen eines bestimmten Settings umfassen (Kauf bestimmter Kinderbücher, Herstellung einer Arbeitsatmosphäre im Klassenzimmer etc.).

Verstärkung

Die unterschiedlichen Erziehungsmittel können nach der Art der Verstärkung (soziale Verstärker und Bestrafungen versus materielle Ver-

Abb. 7

Kategorisierung der Erziehungsmittel

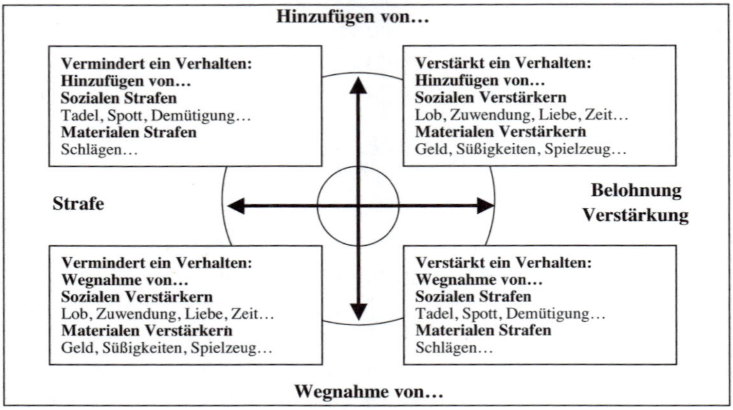

stärker und Bestrafungen) und der Richtung der Verstärkung (Appelle bei Zuwiderhandlung versus Bestrafung bei Zuwiderhandlung) systematisiert werden. Unterschieden werden verschiedene Bestrafungsarten von körperlicher Züchtigung bis hin zu Schimpfen und Liebesentzug sowie jeweils auch die Androhung der entsprechenden Konsequenz von Appellen an die Einsichtsfähigkeit. Dazu gehören zum einen Erklärungen über den Schaden, der durch das kindliche Verhalten anderen zugefügt wurde, bis hin zu Appellen an den Stolz und die Reife des Kindes, die mit dem gezeigten Verhalten nicht in Einklang stehen.

Welche Auswirkungen haben Erziehungsstil und die Wahl der Erziehungsmittel auf die kindliche Persönlichkeit?

Die „Idealerziehung“

Als „ideale Erziehung“ wird ein Erzieherverhalten angesehen, bei dem Kinder ihre Eltern als warmherzig und freundlich ansehen und wahrnehmen, dass sie als gleichberechtigte Partner geschätzt und akzeptiert werden. Dazu gehören Erzieher, die den Kindern klar kommunizieren, was ihnen wichtig ist und als Erziehungsmittel soziale Verstärker einsetzen (demokratische, autoritative Erziehung).

Regeln und Partizipation

Durch die Balance zwischen klaren Regeln einerseits und demokratischer Partizipation des Kindes andererseits erlernen Kinder auf bestmögliche Weise die Spielregeln des sozialen und demokratischen Miteinanders. Dieses besteht einerseits in der Einsicht in die Notwendigkeit gültiger Regelvereinbarungen, die kognitiv durchdrungen werden und die rational einsichtig sind, und andererseits in der Einbeziehung der Wünsche, Bedürfnisse und Meinungen aller Beteiligten. Auf diese Weise werden Werthaltungen und Normerleben sowie Selbstvertrauen am effektivsten gestärkt (Stein 2008c).

Erziehungsstil

Etliche Studien belegen einen großen Zusammenhang zwischen dem elterlichen Erziehungsstil und Disziplinierungsverhalten und der Übernahme und Akzeptanz elterlicher Vorgaben durch das Kind, seinem prosozialen verantwortungsbewussten Verhalten und dem Erlangen persönlicher Autonomie und kognitiver Entwicklung. Der größte Zusammenhang zwischen prosozialen Werten und Erziehungsstil zeigte sich bei Eltern, welche im Rahmen eines autoritativ-demokratischen Erziehungsstils ihren Kindern grundsätzlich mit akzeptierender Wärme begegnen, die Kommunikation bidirektional akzeptierend ausrichten, klar artikulieren, dass sie vom Kind ein reifes, altersangemessenes und soziales Verhalten erwarten, jedoch nur mittlere Kontrolle zeigen und dieses auch argumentativ begründen. Dem steht der vernachlässigende Erziehungsstil gegenüber, der sich durch eine ablehnend-vernachlässigende Haltung dem Kind gegenüber auszeichnet, dem weder mit Wärme begegnet wird, noch mit bestimmten Verhaltenserwartungen. Dieser vernachlässigende Erziehungsstil geht auf kindlicher Seite mit weniger hohen Werten im Bereich prosoziale Verantwortungsübernahme oder Autonomie einher, korreliert dafür hoch mit antisozialem oder grenzüberschreitendem Verhalten wie Alkohol- und Drogenkonsum. Eltern, die einen permissiv-nachgiebigen Erziehungsstil pflegen, haben oftmals Kinder, die über ein großes Selbstvertrauen bezüglich ihrer sozialen Fähigkeiten verfügen, jedoch weniger leistungsorientiert sind und Verhaltensauffälligkeiten im Bereich des Suchtmittelgebrauchs zeigen. Kinder von autoritären Eltern verfügen zumeist über ein sehr schwaches Selbstwertgefühl und über geringe soziale Kompetenzen, operationalisiert über soziale Durchsetzungsfähigkeit und soziale Verantwortlichkeit (Allen et al. 1994; Lamborn et al. 1991; Steinberg et al. 1989; Enright et al. 1980; vgl. auch Stein 2008c).

Verstärkung

Bezüglich der Art der Verstärkung (soziale Verstärker und Bestrafungen versus materielle Verstärker und Bestrafungen) und der Richtung der Verstärkung (Appelle bei Zuwiderhandlung versus Bestrafung bei Zuwiderhandlung) sind soziale Verstärker besser geeignet, beim Kind eine dauerhafte positive Entwicklung anzustoßen als materiale Verstärker. Auch waren Appelle und Erklärungen signifikant wirkungsvoller als Bestrafungen. Der Grund für diesen Effekt ist, dass Erklärungen anders als bloße Bestrafungen zu einer dauerhaften kognitiven Umstrukturierung und damit Internalisierung von elterlichen Vorstellungen führen. Außerdem sind erklärende Eltern zukünftig in ihrem Verhalten auf kindliche Verfehlungen besser einschätzbar als strafende Eltern; erklärende Eltern sind anders als aggressiv strafende Eltern bessere Modelle für ein moralisch abwägendes Verhalten, das auch die Haltungen anderer berücksichtigt, und zuletzt bieten Eltern, die erklären, ihren

Kindern mehr Möglichkeiten, über Verhalten zu reflektieren und zu diskutieren.

Kontextfaktoren

Wie sehr Eltern einen förderlichen, warmen Erziehungsstil und ein effektives Disziplinierungsverhalten zeigen können, hängt wesentlich auch mit Kontextfaktoren im Familienleben und in der Person der Eltern zusammen. Nachteilige Kontextvariablen, wie eine soziale Randstellung der Familie, Armut, unvollständige Familienstrukturen (strukturelle Kontextfaktoren) und elterliche psychische Probleme und deviante Verhaltensweisen (psychische Kontextfaktoren) korrelieren nicht direkt mit antisozialen Verhaltensweisen des Kindes, sondern können die Qualität der Eltern-Kind-Beziehung vermindern. Problematische Kontextfaktoren münden in ein ineffektiveres und inkonsistenteres Erziehungsverhalten (Stein 2008c).

Merksatz

Kinder, deren Eltern einen autoritativ-demokratischen Erziehungsstil pflegen und soziale Verstärker einsetzen, internalisieren die Vorgaben der Eltern eher, verhalten sich neugieriger, sozialer und kooperativer und sind eher emotional stabil und lebenszufrieden.

Zusammenfassung

In Kapitel 3 wird der Grundbegriff Erziehung in seiner historischen Einbettung dargestellt und es werden Erziehungsziele, Erziehungsstile und Erziehungsmittel in ihrem Einfluss auf die psychischen Dispositionen junger Menschen diskutiert. Erziehung ist ein bidirektionaler Prozess zwischen mindestens zwei Menschen, der direkt-intentional und indirekt-funktional ablaufen kann. Kinder sind die Hauptadressaten der Erziehung. Die Kindheit als eigenständige, vom Erwachsenenalter abgegrenzte Lebensphase, die aufgrund spezieller Bedürfnisse einer spezifischen Erziehung bedarf, wird erst ab der frühen Neuzeit wahrgenommen. Erziehung wird oftmals als repressive Manipulation von jungen Menschen in Familien und der Gesellschaft insgesamt missbraucht. Zu allen Zeiten wurden Gegenentwürfe zur repressiven Erziehung entwickelt. Im Rahmen des Kapitels werden die natürliche Erziehung bei Rousseau, die „Erziehung vom Kinde aus“ in der Reformpädagogik und die Antiautoritäre Erziehung A. S. Neills diskutiert. Die veränderte Einstellung zu Kindern und Erziehung zeigt sich in veränderten Erziehungszielen, -stilen und -methoden. Erziehungsziele als normative Vorstellungen von der zu erziehenden Person verschoben sich in der Prioritätensetzung weg von Zielen der Konformität und Anpassung hin zu Zielen der Selbstentfaltung und Emanzipation. Als besonders förderlicher Erziehungsstil erwies sich eine demokratisch-induktive Erziehung.

Weiterführende Literatur

Reble, A. (1999): Geschichte der Pädagogik. Klett-Cotta, Stuttgart

Übungsaufgaben

1 Erläutern Sie anhand von Beispielen aus dem familiären und dem schulischen Umfeld, was man unter intentionaler, funktionaler und extensionaler Erziehung versteht!

2 Schildern Sie die Reformpädagogik anhand der Auswüchse der repressiven Erziehung gegen die sich die Reformpädagogischen Strömungen wandten.

3 Wie veränderten sich Erziehungsziele seit den 1950er Jahren?

4 Erklären Sie unterschiedliche Erziehungsstile und ihre Zusammenhänge mit kindlichem Erleben und Verhalten.

5 Warum führen Bestrafungen als Erziehungsmittel zu weniger nachhaltigen Erfolgen als induktive Erklärungen?

Die Antworten finden Sie unter www.reinhardt-verlag.de.

4 | Bildung

Überblick

Kapitel 4 gibt zunächst einen kurzen Überblick über die Entstehung des heutigen Bildungsbegriffs und über die Geschichte von Bildung und Schule. Aktuelle Überlegungen, wie die Schule ihrer Verantwortung für eine moderne Bildung und Erziehung in der globalisierten Welt gerecht werden kann, werden vorgestellt.
Die empirische Schulforschung erlebt gerade seit dem Jahr 2000 eine Renaissance. Im Rahmen des Kapitels werden sowohl aktuelle Schulleistungsstudien wie die PISA Studie vorgestellt, als auch aktuelle Forschungen zur Schule als Vermittlerin von Werten, Normen und Einstellungen.

4.1 | Definition: Was ist Bildung?

Begriff Bildung

Anders als der Erziehungsbegriff ist der Bildungsbegriff nicht an ein bestimmtes Lebensalter gebunden und stützt sich nicht auf das Hierarchiegefälle zwischen einem Erzieher und einem zu Erziehenden. Bildung ist ein lebenslanger Prozess, auch ein Prozess der Selbstbildung. Während etwa in angloamerikanischen Ländern keine Unterscheidung zwischen Bildung und Erziehung getroffen wird (*education* als Gesamtbegriff), existiert diese Unterscheidung in erster Linie im deutschsprachigen Raum und in Russland. Dem Bildungsbegriff wurde oftmals der Vorwurf eingebracht, verstaubt und antiquiert zu sein, sowie nur eine Hülle zu sein, die nach Belieben mit rein materialen Inhalten aufgefüllt werden könne. Dieser Vorwurf bezieht sich auf das klassische Bildungsideal, das jedoch durch ein moderneres Bildungsverständnis ergänzt wird.

Klassischer Bildungsbegriff Humboldts

Der Grundstein für den klassischen Bildungsbegriff wurde im Zeitalter der deutschen Klassik und im Idealismus des 18. Jahrhunderts insbesondere von Humboldt unter Rückgriff auf die Antike gelegt. Humboldt wendet sich gegen das Primat der beruflichen Nützlichkeit von Bildung, die Menschen in erster Linie nach ihrem wirtschaftlichen Marktwert beurteilt. Er unterscheidet klar zwischen der allgemeinen Bildung und der berufsbezogenen Ausbildung. Die an den Ständen orientierte Bildung soll durch eine allgemeine gemeinsame Erziehung des ganzen Volkes abgelöst werden, welche die Entwicklung der individuellen Kräfte und Potentiale zum Ziel hat. Diese Allgemeinbildung liegt einer wirklich fundierten Berufsbildung zugrunde, da der Einzelne sich nur dann wirklich einbringen kann, wenn er gründlich gebildet und nicht nur ausgebildet ist. Das Humboldt'sche Bildungsideal war lange Zeit Grundlage des gymnasialen Bildungskanons und der Bildungsidee der Universität. Drei Grundkategorien liegen der Allgemeinen Menschenbildung nach Humboldt zugrunde (Giesecke 1990):

- **Individualität:** Der Mensch wird nicht als Individuum geboren, seine Individualität muss er erst im Laufe der Bildung herausarbeiten.
- **Universalität:** Alle für die Individualität des Individuums wichtigen Gegenstände müssen als Bildungsinhalte gelehrt werden.
- **Totalität:** Entwicklung möglichst aller Fähigkeiten, die nicht additiv unverbunden nebeneinander stehenbleiben, sondern sich zu einer individuellen Ganzheit schließen sollen.

Kritik am klassischen Bildungsbegriff

Primär in den 1970er Jahren wurde kritisiert, dass die Übernahme des klassischen Bildungsbegriffs von Humboldt wesentliche Aspekte eines modernen Bildungsbegriffs vernachlässige und rein materiale, erstarrte und nicht anwendbare Wissensbestände produziere. Bildung trage als Grundziel jedoch immer die Befreiung aus den Sachzwängen und Abhängigkeiten der Gesellschaft in sich. Durch Bildung solle nicht kritiklos die Kultur der Gesellschaft übernommen werden, sondern eine eigene Position und Identität angesichts gesellschaftlicher Probleme im Sinne eines lebenslangen Selbstbildungs- und Formungsprozesses herausgearbeitet werden. Bildung müsse den Einzelnen dazu befähigen, in eine kritische und aufgeklärte Distanz zu den bisherigen gesellschaftlichen Überlegungen und Strukturen zu treten (vgl. Heydorn 1980).

Merksatz

Der Bildungsbegriff wandelte sich weg vom klassischen Bildungsbegriff, der in Anlehnung an Humboldt die Allgemeine Menschenbildung gegen eine bloße Ausbildung stellte, hin zu einem moderneren, formalen Bildungsbegriff, welcher unter Bildung die Fähigkeit und Bereitschaft versteht, sich kompetent und adäquat mit Schlüsselproblemen der Menschheit auseinanderzusetzen.

Moderner Bildungsbegriff Klafkis

Ein moderner Bildungsbegriff, wie ihn beispielsweise Klafki vorstellt (1996) (→ Kap. 5.5) definiert als oberstes Ziel der Bildung die Emanzipation und Mündigkeit des Menschen, also die selbstständige Auseinandersetzung mit den Schlüsselproblemen und grundlegenden Lebensbereichen der globalisierten Welt, wie der Friedenssicherung, dem Umweltschutz, Fragen der Menschenrechte oder Ähnlichem. Bildung wird somit zum Menschenrecht für alle. Deutlich werden Parallelen und Überschneidungen zwischen dem Bildungs- und dem Erziehungsbegriff.

Definition

Vor diesem Hintergrund kann **Bildung** verstanden werden als ein intrapersonaler, lebenslanger Prozess, der den ganzen Menschen als „Leib-Seele-Geist-Einheit“ umfasst und in dem er seine Persönlichkeit wesensgemäß und seinsgerecht entfaltet. [...] Bildung umfasst nämlich neben dem Streben nach den Eigentümlichkeiten menschlicher Seins- und Lebensweisen, die für alle Menschen gelten (wesensgemäß), auch das Hineinwachsen in eine Gemeinschaft, die Auseinandersetzung mit der Gesellschaft, die Bereitschaft und Fähigkeit zur Gestaltung und Weiterentwicklung des Lebensraumes, was bei jedem Menschen unterschiedliche Aufgaben mit sich bringt (seinsgerecht).“ (Zierer 2006, 53)

4.2 Geschichte von Bildung und Schule

Im Rahmen einer Einführung in die Allgemeine Pädagogik kann ein Überblick über die Geschichte von Bildung und Schule immer nur sehr verkürzt erfolgen, da die Geschichte von Pädagogik allgemein, von Erziehung, Bildung und der Schule als Institution eigene Bücher füllen würde. Für einen vertieften Einblick empfehle ich:

Weiterführende Literatur

Reble, A. (1999): Geschichte der Pädagogik. Klett-Cotta, Stuttgart

Tenorth, H.-E. (2008): Geschichte der Erziehung. Einführung in die Grundzüge ihrer Entwicklung. Juventa, Weinheim / München

Konrad, F.-M. (2007): Geschichte der Schule. Von der Antike bis zur Gegenwart. Beck, München

Wandel der Bildung von der Antike bis heute

4.2.1

Die drei großen bestimmenden Einflussströmungen auf den heutigen Begriff der Bildung sind die klassische Antike, das christliche Weltbild und die Aufklärung. Anhand der sehr guten Darstellung bei Reble (1999) erfolgt ein kurzer Abriss des Wandels des Bildungsbegriffs von der Antike bis heute.

Kalokagathos der klassischen Antike

Während in vorklassischen Kulturen keine eigentliche Bildung im strengen Sinne erfolgte, sondern die junge Generation in die Sitten und Gebräuche des Lebens hineinwuchs, war in den hochentwickelten Stadtstaaten der Antike ein Erziehungssystem vonnöten, das insbesondere für die aristokratische Schicht eine breite Bildung bot. Da öffentliche Ämter durch Losverfahren vergeben wurden, musste jeder Vollbürger über grundsätzliche Kenntnisse verfügen. Das Bildungssystem der Hellenen wurde später im antiken Rom übernommen. Bildungsideal ist *Kalokagathos*, die innere und äußere Schönheit. In der griechischen Frühzeit wurde Tapferkeit als höchste Tugend angesehen; die Helden der Dichtung Homers waren die Modelle in Bildung und Erziehung, während später musische Elemente wie Ästhetik und Tanz hinzutraten. Ab etwa 400 v. Chr. kristallisieren sich zwei Strömungen der Bildung heraus: die rhetorisch-lebenspraktisch ausgerichteten Sophisten und die philosophisch-wissenschaftliche Richtung eines Sokrates, Platons und Aristoteles.

Die septem artes liberales

Die Sophisten werden als eigentliche Begründer der höheren Bildung verstanden, da sie mit ihrem Grundbildungskanon den Grundstock für die *septem artes liberales* legten, die sieben freien Künste, welche insbesondere später im Hellenismus weiter ausgeformt werden und noch dem Fächerkanon der mittelalterlichen Universität zugrunde liegen. Die septem artes liberales werden auch oftmals als Bildungskanon des Abendlandes angesehen. Sie wurden in den Klosterschulen des Mittelalters ebenso gelehrt, wie sie später als Grundlagenfächer für die Fakultäten der Universitäten fungierten. Die septem artes liberales sind aufgeteilt in die drei sprachlichen Disziplinen oder Künste des Wortes, die als Trivium bezeichnet werden, und in die vier, eher mathematisch orientierten, Fächer des Quadriviums:

- *Trivium*: Grammatik (Sprachaufbau), Dialektik (Rede und Gegenrede), Rhetorik (Redekunst)
- *Quadrivium*: Arithmetik, Geometrie, Astronomie, Musik

Sokrates, Platon und Aristoteles

Die drei großen Philosophen Sokrates, Platon und Aristoteles sind weniger formal an den Inhalten der Bildung interessiert. Sokrates ist Begründer der sokratischen Methode, bei der dem Lernenden nicht Wissensbestände vermittelt werden, sondern er in sich selbst ethische Wahrheit findet. Platon gilt durch die Begründung seiner Akademien als Urvater von Gymnasium und Universität. Entsprechend seiner Gesellschaftsphilosophie, bei der die politischen Lenker gleichzeitig die am besten gebildetsten Philosophen sein sollen, soll der Klasse der Regierenden eine sorgfältige Ausbildung zuteil werden. Aristoteles kann als Urvater der Einzelwissenschaften angesehen werden, da in seinen Lyceion das Abbild einer Forschungs- und Lehrstätte von Einzelerkenntnissen gesehen werden kann.

Mittelalter

Durch das christliche Weltbild änderten sich in erster Linie die Ziele der Erziehung vollständig. Im Gegensatz zur Antike ist nun die Gotteskindschaft das Ziel; Werte wie Demut, Glauben und Vertrauen in Gott lösen das Ideal des allseits gebildeten, innerlich und äußerlich schönen Menschen ab. Dennoch werden die sieben freien Künste in den Zentren der damaligen Bildung, den Klöstern, weiterhin betrieben. Thomas von Aquin, Albertus Magnus, Bonaventura fassen aufbauend auf der heiligen Schrift, den Lehren der Kirche und der aristotelischen Philosophie das gesamte theologische, philosophische und fachwissenschaftliche Geistesgut zu einer einheitlichen, klar gegliederten „Summa" zusammen. Das Schulwesen wird zuerst nur von der Geistlichkeit getragen; die Bildung richtet sich in den Kloster-, Dom-, Stifts- oder Pfarrschulen anfangs nur an den Klerus, später auch an Laien. Ab dem 13. Jahrhundert werden Städtische Schulen errichtet, ab dem 14. Jahrhundert deutsche Schreib- und Leseschulen, die bloße „Winkelschulen" sind und damit die ältesten Wurzeln der deutschen Volksschulen darstellen. Der Unterrichtsbetrieb ist bei allen Schulen vom Lernstoff und von der Autorität bestimmt. Sie pflegen eine harte Zucht, die Auflockerung fehlt.

Merksatz

Die drei großen bestimmenden Einflussströmungen auf den heutigen Begriff der Bildung sind die klassische Antike, welche den Bildungskanon der septem artes liberales (Grammatik, Dialektik, Rhetorik, Arithmetik, Geometrie, Astronomie, Musik) begründete, das christliche Weltbild mit seiner Ergänzung des klassischen Bildungsideals um christliche Ziele, wie Demut und Vertrauen, und die Aufklärung mit ihrem Ruf nach rationaler Begründung von Bildung und Erziehung.

Renaissance

Während der Renaissance setzte eine stärkere Rückbesinnung auf die antiken Bildungsinhalte ein; die Bildung sollte von ihrem christlichen Überbau befreit werden. Ganz entgegen der strengen Zucht der Winkelschulen des Mittelalters treten die Humanisten der Renaissancezeit für Individualität, pädagogische Auflockerung, spielendes Lernen und verständnisvolle Berücksichtigung der kindlichen Seele ein.

Barock

Während der Barockzeit setzen Bemühungen um eine Didaktik ein, die sich auf die Natur des Menschen stützt. Ziel ist nicht der humanistisch gebildete Mensch, sondern im Sinne eines höfischen Bildungsideals der tüchtige, nützliche, weltgewandte Hofmensch. Alte Sprachen werden als tot und unnütz angesehen, moderne Sprachen wie das Französische propagiert. Gegen diese Merkantilisierung der Bildung wendet sich der Bildungsbegriff von Aufklärung, Klassik und Idealismus, der wesentlich von Humboldt beeinflusst ist (→ Kap. 4.1).

Möglichkeiten und Grenzen einer Schule der Zukunft

4.2.2

Begriff Schule

Der Begriff Schule leitet sich etymologisch vom griechischen *scholé* ab, was Muße bedeutet oder Zeit, die der zweckfreien, geistigen Beschäftigung gewidmet wurde. Heutzutage wird oftmals davon gesprochen, dass in der Schule „der Ernst des Lebens" beginne. Bereits in der Grundschule ist die Schule weit entfernt von einer zweckfreien Beschäftigung und der Kampf um die Verteilung sozialer Positionen beginnt (→ Kap. 4.3). Die Schule steht heutzutage für die zweite große Erziehungs- und Bildungsinstanz neben der Familie (→ Kap. 2.2).

Als Antwort auf die Misere der Bildungssituation in Deutschland, die sich etwa in den Schulstudien zeigt (→ Kap. 4.3.1) werden verschiedene Möglichkeiten diskutiert, um Schule in der postmodernen Gesellschaft als wirklichen Lebensraum für junge Menschen zu gestalten. Insbesondere möchte ich in diesem Kapitel auf Schule als Ganztagsschule und auf Schule als Vermittlerin von Werten und Normen eingehen.

Ganztagsschule

Die Einführung von Ganztagsschulangeboten ist mittlerweile unumstritten, jedoch werden die Modalitäten der Ausgestaltung von Ganztagsschulen kontrovers diskutiert. Im Sinne einer „Entgrenzung", also Öffnung von Schule, werden folgende Möglichkeiten diskutiert:

- „Entgrenzung der Unterrichtsgestaltung durch systematischen Einbezug von außerschulischen Partnern, Lernorten und erfahrungsbezogenen (...) Lehrmethoden (...) integrative und rhythmisierte Gestaltung von Unterricht und außerunterrichtlichen Angeboten (...)
- sozialräumliche Öffnung nicht unterrichtlicher Angebote für Kinder und Jugendliche, die nicht SchülerInnen der betreffenden Schule (...) sind (...) sozialräumliche Öffnung von Schule als „Haus des Lernens" auch für andere Altersgruppen (...)
- Implementierung interinstitutioneller Kooperationsstrukturen in den Bereichen gemeinsame Fortbildung der Fachkräfte, Qualitätssicherung/-entwicklung (...) und Evaluation (...)
- vernetzte interinstitutionelle Infrastruktur- und Angebotsgestaltung „auf Augenhöhe" mit Steuerungsinstanzen auf regionaler/kommunaler Ebene, Sozialraum/Schulverbundsebene und im einzelschuli-

schen Kontext (...) sowie durch Schaffung regionaler Trägerverbände bei den Partnern

- Schaffung anregender Lern- und Lebensumgebungen durch integrative kommunale Schulentwicklungs-, Jugendhilfe- und Stadtentwicklungs-/Raumplanung mit maximaler „zivilgesellschaftlicher" Beteiligung (...)." (Stolz 2006, 121/122)

Kritik an der Ganztagsschule

Es bestehen aber auch Vorbehalte gegenüber der Ganztagsschule. Es wird teilweise befürchtet, dass Ganztagsschulen keine wirklich pädagogisch ausgereiften Konzepte zugrunde liegen, sondern dass diese als bloße Nachmittagsbetreuung missbraucht würden. Ganztagsschulen würden häufig nur als Möglichkeiten gesehen, soziale Nachteile auszugleichen und würden somit den Makel des Stigmas der sozialen Randstellung tragen.

Schulische Wertevermittlung

Schule wird insbesondere als Ganztagsschule ein zunehmend wichtigerer Lebensbereich junger Menschen, der nicht nur Wissensinhalte und kulturelle Praktiken, sondern auch soziales Einfühlungsvermögen und Wertorientierung vermitteln muss.

Standop (2005) und Dalin (1997) diskutieren die wesentlichen Grunddeterminanten einer durch Schule zu leistenden wertebetonten Erziehungsarbeit. Gefördert werden sollen

- sacheinsichtiges Verhalten (Sachkompetenz),
- sozialeinsichtiges Verhalten (Sozialkompetenz) und
- werteinsichtiges Verhalten (Selbstkompetenz) (vgl. Standop 2005, 57).

Dalin (1997) fordert, Werte als integrierende Metafunktion in allen Lehrplänen zu Orientierungs- und Zielpunkten zu machen. Die vier grundlegenden Kategorien eines modernen Lehrplans (Natur, Kultur, das Wissen um die eigene Person und um die anderen) sollten nach Dalin (1997) Wissensanteile wie naturwissenschaftliche, mathematische, musische, geschichtlich-soziologische, literarische und psychologische Wissensbestände und Fertigkeiten beinhalten. Sie sollten jedoch auch Haltungen und Einstellungen gegenüber der Natur (z.B. die Bereitschaft natürliche Ressourcen zu schonen), der Kultur (z.B. die Bereitschaft, sich auf fremde Kulturen einzulassen), der eigenen Person (z.B. eigene Stärken und Schwächen anzunehmen) und gegenüber den anderen (z.B. Kommunikationsbereitschaft) umfassen. (vgl. Stein 2008c).

Merksatz

Schule als zeitgemäße Bildungs- und Erziehungsinstitution ist aufgefordert, durch Ganztagsangebote insbesondere herkunftsbedingte Nachteile auszugleichen und neben fachlichen Kompetenzen auch Prozesse des sozialen Lernens für die pluralistische, globalisierte Gesellschaft anzustoßen.

Schule und ihre Auswirkungen auf Kompetenzerwerb und soziale Entwicklung von Kindern und Jugendlichen | 4.3

Überblick über das deutsche Schulsystem

Dieses Kapitel gibt zunächst einen kurzen Überblick über Struktur und Aufbau des Schulsystems in Deutschland, bevor die Auswirkungen der Schule auf die Entwicklung von Kompetenzen einerseits und das soziale Lernen und die emotionale Entwicklung andererseits diskutiert werden (zur Bildungsbeteiligung und der Kritik am Schulsystem → Kap. 6.3).

Kultushoheit

Das Schulsystem in Deutschland ist nicht wie in einigen anderen europäischen Ländern (beispielsweise in Frankreich oder Finnland) zentral gesteuert, sondern obliegt der Verantwortung, das heißt Kultushoheit des jeweiligen Bundeslandes. Die staatliche Schulaufsicht und die Kultushoheit der einzelnen Bundesländer sind in den Artikeln 7 und 72 bis 75 des Grundgesetzes geregelt. Schulpflicht besteht in Deutschland vom 6. Lebensjahr an und beträgt in den meisten Bundesländern als Vollzeitschulpflicht neun Jahre und als Teilzeitschulpflicht zwölf Jahren.

Dreigliedrigkeit

Bis auf Ausnahmen in einigen Bundesländern, die Gesamtschulen zumeist fakultativ neben anderen Schulen anbieten, ist das deutsche Schulsystem mehrheitlich durch seine Dreigliedrigkeit gekennzeichnet, mit einer gemeinsamen Grundschule für alle Kinder und stärker ausdifferenzierten Sekundarstufen I und II. Die allgemeinbildenden Schulen sind größtenteils als Halbtagsschulen konzipiert, wobei zunehmend

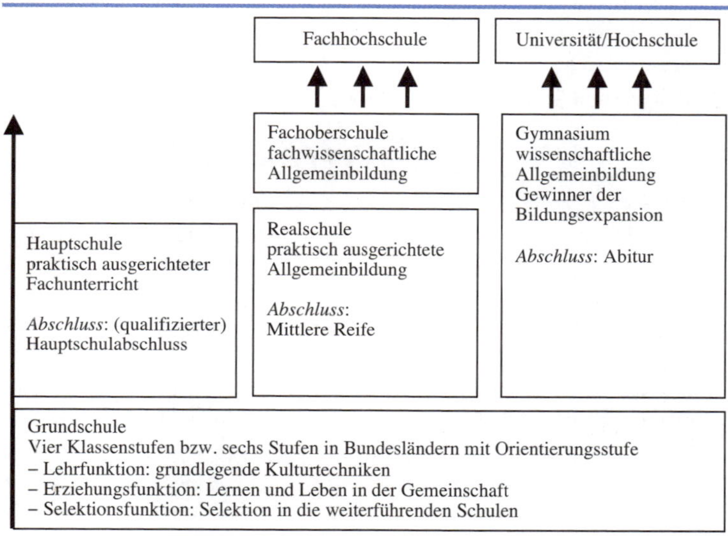

Abb. 8

Skizzenhafter Aufbau der Hauptstränge des deutschen Bildungssystems

Ganztagsschulen, beziehungsweise Mittags- und Nachmittagsbetreuung angeboten wird.

Für eine genauere Darstellung siehe etwa bei Faulstich-Wieland und Faulstich (2006, 141/142).

Aufgaben und Wirkungen der Schule

Das Charakteristikum von modernen Gesellschaften ist eine zunehmende Arbeitsteilung und die Ausgliederung bestimmter Aufgabenbereiche aus den Familien in professionelle Institutionen.

Aufgaben der Schule

Der Schule werden dabei folgende Aufgaben übertragen: Die Qualifikation der nachwachsenden Generation für das arbeitsteilige Berufs- und Beschäftigungssystem, ihre Selektion, Allokation und Platzierung innerhalb der Gesellschaft und der Berufswelt, die Integration der zukünftigen Bürgerinnen und Bürger in das politische und gesellschaftliche System und die kulturelle Reproduktion von Wissen, Fertigkeiten und Einstellungen (Fend 2006). Anhand dieser Aufgabenbestimmung der Schule wird ein Widerspruch offensichtlich; so wird einerseits der Anspruch erhoben, zu Emanzipation und Mündigkeit zu erziehen (→ Kap. 3.2.2) und andererseits im Sinne der Brauchbarkeitsideologie, den Einzelnen in Gesellschaft, Arbeit und Wirtschaftswelt einzugliedern.

Merksatz

Hinsichtlich ihrer Aufgaben steht die Schule im Spannungsfeld zwischen dem Anspruch, zu Mündigkeit und Verantwortungsübernahme zu erziehen (Sozialprinzip) und dem Versuch, in kompetitiver Hinsicht für Arbeitsmarkt und Gesellschaft zu selektieren (Leistungsprinzip). Die Wirkungen von Schule beziehen sich dabei nicht nur auf die fachliche Qualifikation, sondern auch auf informelle Lernprozesse (*heimlicher Lehrplan*).

Tab. 7 | **Wirkungen von Schule (nach Fend 2006, 103; Beispiele M. S.)**

	Wirkungsbereiche	
Kontexte	**fachspezifisch**	**fachübergreifend**
Unterrichtliche Erfahrungsbereiche	Durch Unterricht angestrebtes Wissen / Können *Beispiel:* *naturwissenschaftliche Grundbildung*	Durch Unterricht angestrebte Einstellungen / Haltungen *Beispiel:* *Bewusstsein für Umweltschutz*
Inhaltliche, soziale und strukturelle Erfahrungskontexte	Fachbezogene Weltbilder, Interessen *Beispiel:* *Interkulturelle Kompetenzen des Miteinanders*	Fachübergreifende Kompetenzen, Einstellungen *Beispiel:* *Leistungsmotivation und prosoziale Haltungen*

Wirkungen von Schule

Die Wirkung der Schule beruht nicht nur auf den direkten, fachlichen Erfahrungen im Unterricht, sondern bezieht sich auch auf die sozialen und fachübergreifenden Erfahrungen, die junge Menschen im Lebensraum Schule machen (*heimlicher Lehrplan*). Die Schule beeinflusst neben dem Kompetenzerwerb (→ Kap. 4.3.1) auch die soziale Werteentwicklung (→ Kap. 4.3.2) und das emotionale Wohlfühlen (→ Kap. 4.3.3).

4.3.1 Schule als Bildungsinstitution: Vermittlung von Kompetenzen

Kompetenzvermittlung

Die Schule ist als Bildungsinstitution aufgefordert, jungen Menschen Kompetenzen zu vermitteln, die sie für die hoch arbeitsteilige und globalisierte Gesellschaft brauchen. Frühere Konzepte von Kompetenz betonten meist nur den Bereich der Fähigkeiten und Fertigkeiten, ließen jedoch emotionale Anteile und Aspekte der Handlungssteuerung unbeachtet.

Beispiel

Beispielsweise ist ein Schüler, der nicht nur über englische Grammatik und Wortschatz verfügt (kognitive Komponente), sondern auch Freude am Umgang mit der Sprache entwickelt hat (emotionale Komponente), die Sprache einsetzt, um mit Menschen anderer Kulturen zu kommunizieren (soziale Komponente) und motiviert ist, sich auch mit dem anderen Land in geographischer und historischer Hinsicht zu beschäftigen (motivationale Komponente), sprachkompetenter als ein Schüler, der primär Wörter und Grammatik für den Englischunterricht lernt, aber keine weiteren Anwendungsbereiche sieht.

deseco-Kompetenzbegriff

Ein erweiterter Kompetenzbegriff, der über die kognitiven Fähigkeiten hinausgeht und auch emotionale, soziale und motivationale Komponenten beinhaltet, wird etwa vom deseco-Programm (‚*Definition and Selection of Competencies*‘) der OECD vorgestellt, auf das sich auch die PISA-Studie stützt (Rychen/Salganik 2001). Das deseco-Konzept ordnet die Kompetenzen drei unterschiedlichen Kategorien von Kernkompetenzen zu: dem autonomen Handeln, dem interaktiven und effektiven Einsatz von Werkzeugen wie etwa von Sprache, Symbolen und neuen Technologien, sowie dem erfolgreichen Agieren in unterschiedlichen heterogenen Gruppen.

Abb. 9

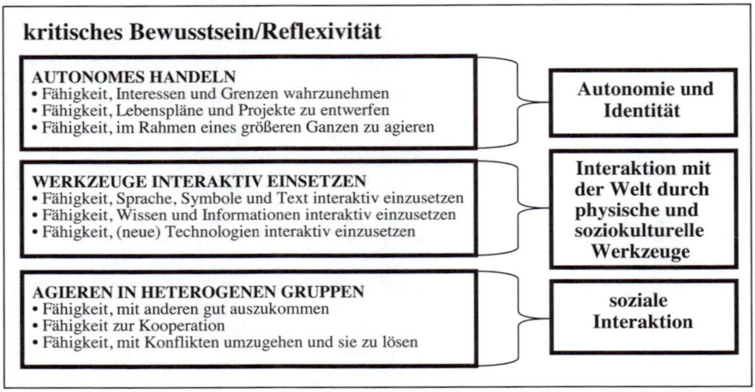

Inhaltsschwerpunkte der Kernkompetenzen im deseco-Ansatz (Stein 2005, 54)

Bildungsmonitoring

Die groß angelegten Bildungsmonitoring-Untersuchungen seit den 1990er Jahren, insbesondere die PISA-Studie, haben gezeigt, dass das deutsche Schulsystem nicht in ausreichendem Maße Kompetenzen vermittelt (Köller 2005). Angestoßen durch das schlechte Abschneiden deutscher Schülerinnen und Schüler bei PISA werden seit längerem verschiedene strukturelle Verbesserungsmöglichkeiten diskutiert, um das Bildungssystem in Deutschland wieder nachhaltig und für alle Schülergruppen angemessen zu gestalten (z.B. Einführung einer verpflichtenden Ganztagesschule, um strukturelle Benachteiligungen auszugleichen, Einführung von Bildungsstandards, Schulevaluationen, Schulautonomie etc.). Die Schulleistungsstudien sowie viele Maßnahmen der Qualitätsentwicklung decken nur den einen Kompetenzbereich des deseco-Kompetenzbegriffs ab, der sich mit dem interaktiven Einsatz von Werkzeugen befasst. Das autonome Handeln und die soziale Interaktion werden nur in Ansätzen erfasst.

Merksatz

Der Schule als Bildungsinstitution, welche umfassende fachliche und nichtfachliche Kompetenzen vermitteln soll (Autonomie und Identität, adäquate Interaktion mit der Welt durch physische und soziokulturelle Werkzeuge sowie angemessene soziale Interaktion) gelingt es nur schwer, diesen Anspruch einzulösen, wie Schulstudien belegen.

Überblick über Schulleistungsstudien

Schulleistungsstudien überprüfen, inwiefern Schulen erfolgreich Kompetenzen insbesondere hinsichtlich des Einsatzes von Werkzeugen (Sprache, mathematische und naturwissenschaftliche Symbole) an die junge Generation vermitteln. Auf internationaler Ebene werden seit den 1960er Jahren Schulleistungsstudien durchgeführt. Tabelle 8 gibt einen nicht abschließenden Überblick über internationale und nationale Schulleistungsstudien, an denen Deutschland partizipierte.

Überblick über internationale und nationale Schulleistungsstudien seit 1995 (nach Konferenz der Schulaufsicht in der Bundesrepublik Deutschland 2006) | Tab. 8

	PISA	TIMSS II und III	DESI	IGLU PIRLS	CivEd	BIJU	LAU	BMT	MARKUS	QuaSUM
Zielpopulation	15-jährige SchülerInnen	7./8. Klassen, letztes Jahr der beruflichen Erstausbildung und der gymnasialen Oberstufe	9. Klassen	4. Klassen	14-jährige	Beginn mit 7. Klassen	5., 7., 9. Klassen	7., 9. Klassen	8. Klassen	5., 9. Klassen
Kompetenzbereiche	Lesen Mathematik Naturwissenschaften Fachübergreifende Kernkompetenzen	Mathematik Naturwissenschaften	Deutsch Englisch	Lesen und Schreiben (insb. auch Orthographie) Mathematik Naturwissenschaften	politisches Wissen Einstellungen	Deutsch Englisch Mathematik, Biologie Physik, psychosoziale Aspekte	Deutsch Mathematik 1. Fremdsprache (E / L)	Mathematik Deutsch	Mathematik	Mathematik
Durchführungsjahr	2000, 2003, 2006	1995, 1996	2003, 2004	2001	1995, 1997, 1999	Alle 2 Jahre von 1991–2000	1996, 1998, 2000	Seit 1998	2000	1999

Die Abkürzungen stehen für folgende Studien:

PISA:	Programme for International Student Assessment
TIMSS:	Third International Mathematics and Science Study
DESI:	Deutsch-Englisch-Schülerleistungen-International
IGLU / PIRLS:	Progress in International Reading Literacy Study
CivEd:	Civic Education Study
BIJU:	Bildungsverläufe und psychosoziale Entwicklung im Jugendalter
LAU:	Aspekte der Lernausgangslage (und der Lernentwicklung)
BMT:	Bayerischer Mathematiktest
MARKUS:	Mathematik-Gesamterhebung Rheinland-Pfalz: Kompetenzen, Unterrichtsmerkmale; Schulkontext
QuaSUM:	Qualitätsuntersuchung an Schulen zum Unterricht in Mathematik

Die bekanntesten Schulleistungsstudien sind die PISA-Studie, welche die Kompetenzen von 15-Jährigen erfasst, und die IGLU-Studie, welche die Kompetenzen von Grundschülerinnen und -schülern erhebt.

Studie

Zusammenfassung der Ergebnisse der PISA-Studie:
Das *absolute Niveau der Kompetenzen* bei den Jugendlichen vieler OECD-Staaten ist im Durchschnitt höher als bei den deutschen Jugendlichen; finnische Jugendliche sind ihnen in allen drei Kompetenzbereichen der PISA-Studie (Lesen, mathematische und naturwissenschaftliche Kompetenzen) um etwa ein ganzes Schuljahr voraus.

Andere OECD-Staaten fördern also das Potential ihrer jungen Menschen besser. Als Maß des kognitiven Potentials von Jugendlichen wurden in PISA 2003 zusätzlich Daten zum *Problemlösen* erhoben, das vom Schulwissen unabhängig ist. Die deutschen Jugendlichen erreichten signifikant bessere Werte als der OECD-Durchschnitt. Diese Fähigkeiten der deutschen Jugendlichen lassen ein enormes Potential erkennen, das nur teilweise in Wissen und Fertigkeiten umgesetzt werden konnte.

Des Weiteren gelingt es Deutschland im Vergleich zu anderen Staaten nur ungenügend, die *Motivation* der Jugendlichen für eine intensive Beschäftigung mit den Themenbereichen Lesen, Mathematik und Naturwissenschaften zu aktivieren.

Deutschland gehört in allen drei Kompetenzbereichen zu den Ländern mit der höchsten *Leistungsstreuung*. Beispielsweise befinden sich in Deutschland in den Naturwissenschaften die besten 25 Prozent der Jugendlichen auf dem Durchschnittsniveau Finnlands, während das am wenigsten kompetente Viertel das Durchschnittsniveau Mexikos hat, dem schlechtesten der OECD-Staaten. Diese starke Streuung ist unter anderem durch die Dreigliedrigkeit der Schullandschaft Deutschlands bedingt. Die Spitzenländer bei PISA (Finnland, Korea, Kanada) sind gleichzeitig Länder mit einer geringen Leistungsstreuung und Länder, die eine Schule für alle anbieten, ohne den Anspruch möglichst homogene Schülergruppen zu bilden. Deutschland nimmt in der Grundschulstudie IGLU einen weit besseren Platz ein als in der PISA-Studie. Ein Grund dafür könnte sein, dass die Kinder in den Grundschulen noch gemeinsam beschult werden. Des Weiteren ist die starke Streuung dadurch bedingt, dass in Deutschland wie in keinem anderen Land der OECD die *soziokulturelle Herkunft* über die Kompetenzentwicklung und den Besuch höherer Schulen entscheidet. Es gelingt dem deutschen Schulsystem nicht, herkunftsbedingte Nachteile auszugleichen und die

Kinder nur nach Maßgabe ihres kognitiven Potentials zu fördern (PISA-Konsortium Deutschland 2004).

Schule als Erziehungsinstitution: Vermittlung von sozialen Werten | 4.3.2

Schule als Erziehungsinstitution

Erziehungsauftrag

Neben dem Bildungsauftrag ist der Erziehungsauftrag die zweite große Aufgabe der Schule. Bedingt durch längere Schul- und Ausbildungszeiten und die Einführung der Ganztagesschule verbringen junge Menschen einen immer größeren Teil ihrer Zeit im Lebensraum Schule. Dadurch kommen Schulen auch immer mehr erzieherische Aufgaben zu, die zwar schon immer Teil ihres Aufgabenspektrums waren, aber ursprünglich eher von anderen Sozialisationsinstanzen wie etwa den Familien übernommen wurden. Die Aufgaben reichen von der Sozialerziehung bis hin zu Umwelt-, Medien- und Friedenserziehung. Gesellschaftliche Probleme wie Alkohol- und Drogenmissbrauch, soziale Auffälligkeiten oder Fremdenfeindlichkeit werden zunehmend als pädagogisches Problem umdefiniert und zum Aufgabenbereich der Schule erklärt.

‚Erziehender Unterricht'

Seit den Anfängen der Schulgeschichte in der Antike, im Mittelalter und bei klassischen Begründern der Schule wie Humboldt (1767–1835), Herder (1744–1803), Schleiermacher (1768–1834), Herbart (1776–1841) oder Ziller (1817–1882) wird Schule nicht nur als Stätte der Bildung gesehen, sondern auch als große Erzieherin. Herbart prägte etwa den Begriff des ‚erziehenden Unterrichts'. Unterricht sei untrennbar an den Begriff der Erziehung gebunden.

Wertevermittlung

Von Anfang an bedeutsam war die Diskussion darüber, welche Werte die Schule vermitteln soll. Während in der Antike das Erziehungsideal des *Kalokagathos*, des schönen und zugleich ethisch guten Menschen (antikes Griechenland) und des *vir bonus* (antikes Rom) galt, rückten später christliche statt humanistischer Ideale in den Vordergrund. Das Ziel einer schulischen Erziehung war bis in die 1950er Jahre eine Erziehung hin zur Religion. Angesichts des Wertepluralismus ist es heute schwieriger allgemein verbindliche Erziehungswerte in Schulen vorzugeben. Deswegen wird oftmals die Vermittlung sozialer Werte anders als die Vermittlung von Fertigkeiten und Wissen nicht systematisch geplant, sondern häufig dem Zufall überlassen oder den oftmals überforderten einzelnen Lehrkräften. Erziehungs- und Unterrichtsgesetzgebungen und auch Schulleitungen und Lehrkräfte betonen die zentrale Bedeutung, welche der Herausbildung von charakterlichen Tugenden wie Toleranz, Verantwortungsübernahme und Solidarität zukomme, dennoch wird der größte Anteil der schulischen Stunden der Vermittlung von Fachwissen gewidmet und nur ein Bruchteil bewusst der Vermittlung sozialer Werte. Auch die Schülerinnen und Schüler sind eher der Meinung, dass die Lehrkräfte sie zu leistungsbereiten und angepassten Menschen erziehen wollen, während die Lehrkräfte die große Rolle sozialer Werte betonen (Verkasalo / Tuomivaara 1996).

Leistungsprinzip und Sozialprinzip

Die Werte der Schule spiegeln dabei im Kleinen die ethische Ausrichtung der Gesellschaft wider. Moderne westliche Gesellschaften basieren zum einen auf dem Leistungsprinzip, das Gratifikationen und Positionen jeweils nach individuellen Leistungskriterien zuweist, und zum anderen auf dem Sozialprinzip, das einen solidarischen Ausgleich und Hilfestellung für erlittene Benachteiligungen gewährleistet. Die Schule als Sozialisationsinstanz basiert wesentlich auf dem Leistungsprinzip, fördert Leistungsmotivation, Dominanz- und Machtstreben, teilweise unter Auslassung der sozialen Werte. Um jungen Menschen auch das Sozialprinzip in der Schule zu vermitteln, sind deshalb kompensatorische Ansätze im Schulalltag nötig (Stein 2008c).

Überblick über Ansätze sozialer Werteförderung

indirekte Wertefestigung

Innerhalb der Schulen sind Ansätze, die sich direkt auf die Vermittlung von Werten beziehen von Ansätzen zu unterscheiden, welche sich nur indirekt auf die Wertvorstellungen der Schülerinnen und Schüler auswirken. Die indirekte Wertefestigung bei Schülerinnen und Schülern baut primär auf das Einüben demokratischer Mitbestimmungs- und Interaktionsmöglichkeiten im Rahmen der Schule auf. Hierzu müssen Schulentwicklungsprozesse angestoßen werden, die eine solche Beteiligung der Schülerschaft ermöglichen.

direkte Werterziehung

Die Literatur nimmt bezogen auf die direkte Werterziehung meist eine Zweiteilung vor. Zum einen werden Werterziehungsmodelle genannt, die inhaltliche Werte benennen, die den Schülerinnen und Schülern vermittelt werden sollen (materiale Werteinstellungserziehung). Zum anderen werden Werterziehungsmodelle unterschieden, die Anreize zum Durchdenken moralischer Konfliktsituationen setzen, also das Instrumentarium schulen wollen, mit dessen Hilfe Moralentscheidungen unabhängig vom Inhalt gefällt werden können (formale Bewertungserziehung) (Matthes 2004). Eine umfassende und nachhaltige Werteerziehung in der Schule sollte möglichst viele Anteile aus beiden Werteerziehungsansätzen verbinden.

Indirekte soziale Werteförderung durch die Schule

Ansätze der Umgestaltung des Schullebens (Schulentwicklungsprozesse) werden zumeist als Verbesserung der schulischen Lernkultur verstanden. Der Erziehungs- und Bildungsauftrag der Schule können jedoch nicht getrennt voneinander betrachtet werden: eine Schule, die ihren Erziehungsauftrag ernst nimmt und Schulleben, Schulkultur und ihr Schulklima pflegt und entwickelt, schafft auch optimale Bedingungen für Lernfortschritt und Unterricht. Im Nachgang zu den Schulleistungsstudien und dem schlechten Abschneiden der Schülerinnen und Schüler wurden an vielen Schulen Schulentwicklungsprozesse angestoßen. Diese Schulentwicklungsprozesse, verstanden als Ansätze der Umgestaltung des Schullebens, werden zumeist in erster Linie als Verbesserung der schulischen Lernkultur verstanden. Jedoch gehören auch Prozesse der Weiterentwicklung eines gemeinsamen Schullebens, einer von allen getragenen Schulkultur und des Schul- und Klassenklimas wesentlich zu den Ansätzen der Schulentwicklung. Erziehungs- und Bildungsauftrag der Schule können jedoch nicht getrennt voneinander betrachtet werden: Eine Schule, die ihren Erziehungsauftrag ernst nimmt und Schulleben, Schulkultur und ihr Schulklima pflegt und entwickelt, schafft auch optimale Bedingungen für Lernfortschritt und Unterricht. Angesichts spektakulärer Exzesse jugendlicher Gewalt, wie Amokläufe und tätliche Angriffe in der Schule, wird gegenwärtig sehr stark diskutiert, wie Schulentwicklungsprozesse so gestaltet werden können, dass Schule einen Lebensraum bietet, der Miteinander, Rücksichtnahme und Verantwortungsbereitschaft fördert. Als beispielhafte Ansätze einer solchen Schulentwicklung hin zu sozialen Werten werden der Just-Community-Ansatz und das Konzept der Sozialwirksamen Schule vorgestellt.

„Just-Community"-Ansatz

Basierend auf sein Werte- und Moralkonzept entwickelte Kohlberg (1986) den „Just-Community"-Ansatz, der alle an der Schule Beteiligten gleichermaßen in den Aushandlungsprozess über Schulregeln einbindet, um Mitbestimmung und soziale Verantwortungsübernahme erlebbar zu machen. Die Gerechte-Schule-Gemeinschaft ist in ihren formalen Strukturen und ihren Gremien so aufgebaut, dass ein partizipatorisches Hineinwachsen in die Rechte und Pflichten der Demokratie möglich ist. Kernstück der Schule ist die Gemeinschaftssitzung oder Gemeinschaftsversammlung, die in regelmäßigen Abständen, etwa beispielsweise einmal im Monat tagt. In der Gemeinschaftsversammlung werden auf demokratischer Grundlage die Regeln des sozialen Miteinanders festgelegt, ihre Umsetzung operationalisiert und Sanktionsmöglichkeiten bei Regelüberschreitungen festgelegt. Die Gerechte-Schule-Gemeinschaft baut durch diese Gremien konsequent auf eine Demokratisierung der Lebenswelt der Jugendlichen von Anfang an, da Normen und Regeln selbst erarbeitet und nicht von außen aufoktroyiert werden. Wissenschaftliche Begleitstudien belegen eine Abnahme von Gewaltdelikten sowie eine Zunahme der Verantwortungsübernahme und prosozialer Handlungen

Abb. 10

Elemente des Konzepts „sozialwirksame Schule“ (Hopf 2001, 414)

Schulebene

Pädagogisches Konzept: Autoritative Erziehung Pädagogische Leitideen	
Verhaltensregeln Kontrolle Konsequenzen	*Elternarbeit* Information Erziehungskonferenz
Peer-Mediation Projekttage	Ordnungsrahmen Schulversammlung

Klassenebene

Soziale Lerneinheiten	Kritische Medienerziehung
Klassenregeln	

Individualebene

Einzelfallberatung	Vernetzung: Intervention

und Einstellungen an Schulen, die nach dem „Just-Community“-Ansatz umstrukturiert wurden (Oser/Althof 2001; Stein 2008c).

Sozialwirksame Schule

Das Konzept der Sozialwirksamen Schule wurde von Hopf in den 1990er Jahren entwickelt. Es knüpft an die beiden großen Aufgabenbereiche der Schule an, nämlich den Erziehungsbereich und den Bereich des Unterrichtens. Die Schulentwicklung im Rahmen des Konzepts der sozialwirksamen Schule vollzieht sich ganzheitlich auf drei Ebenen: der Schulebene, der Klassenebene und der Individualebene (siehe Abb. 10).

Ziel der Sozialwirksamen Schule ist die Stärkung der Schulkultur, die Entwicklung eines Sozialklimas in der Schule, die Integration aller am Erziehungsgeschehen Beteiligter, die Verbesserung der sozialen Kompetenzen und der Selbstwirksamkeitsüberzeugung der Schülerinnen und Schüler sowie die Verhinderung von Gewalt und antisozialem Verhalten in der Schule (vgl. Hopf 2004). Auch hier belegen Begleitstudien die hohe Wirksamkeit der Schulentwicklung im Rahmen der Sozialwirksamen Schule.

Direkte soziale Werteförderung durch die Schule

Zunehmend mehr Schulen fördern die Wertorientierung ihrer Schülerinnen und Schüler in konkreten Projekten, wie etwa Sozialprojekten, welche direkt in der Begegnung mit anderen Mitleidsfähigkeit und Solidarität schulen und stärken.

Studie

Zusammenfassung der Ergebnisse der schulischen Wertestudie: Um die unterschiedlichen Konzepte an den Schulen aufzuzeigen, wurde 2007 eine Schulleitervollbefragung an bayerischen weiterführenden Schulen hinsichtlich wertrelevanter Projekte durchgeführt (Stein 2008a; 2008b; 2009a; 2009b). Im *Praxishandbuch zur Werteerziehung „Werte machen stark"* des Bayerischen Kultusministeriums werden beispielhaft 80 Werteprojekte an Schulen vorgestellt.

Bezüglich der *wertrelevanten Erziehungsaktivitäten* wurden Aktivitäten der Schule in der Förderung der Schülerinnen und Schüler im sozialen Bereich, im Menschenrechtsbereich, im Umweltbereich, im Bereich des Sports und im musisch-künstlerischen Bereich erfragt. Tabelle 9 bietet einen Überblick über die prozentualen Anteile der Schulen, die eine Förderung in diesen Bereichen anbieten, und Aussagen darüber, ob und wie sich die drei hauptsächlichen Schularten in diesem Punkt unterscheiden.

Abbildung 11 illustriert die unterschiedlichen *Sozialprojekte* an allen Haupt- und Realschulen sowie Gymnasien, die im Bereich soziale Projekte Angaben gemacht hatten.

Prozentualer Anteil wertrelevanter Aktivitäten an den Schulen (nach Stein 2009b, 570) Tab. 9

Wertrelevante Aktivitäten	Prozentualer Anteil an Schulen	Unterschiedlichkeit zwischen den Schularten
Streitschlichter	63,5 %	Schulen sind in gleichem Maße aktiv
Sozialprojekte	65,1 %	Gymnasien sind am aktivsten
Förderung von Menschenrechtsprojekten	23,6 %	Gymnasien sind am aktivsten
Schülerinitiativen zu Menschenrechten / Dritte Welt	42,4 %	Gymnasien sind am aktivsten
Umweltprojekte / Umweltgruppen	64,9 %	Hauptschulen sind am aktivsten
Sportneigungsgruppen	80,2 %	Gymnasien sind am aktivsten
Kunst- und Musikneigungsgruppen	86,8 %	Gymnasien sind am aktivsten

Abb. 11

Sozialprojekte an den engagierten Schulen insgesamt (nach Stein 2009b, 573)

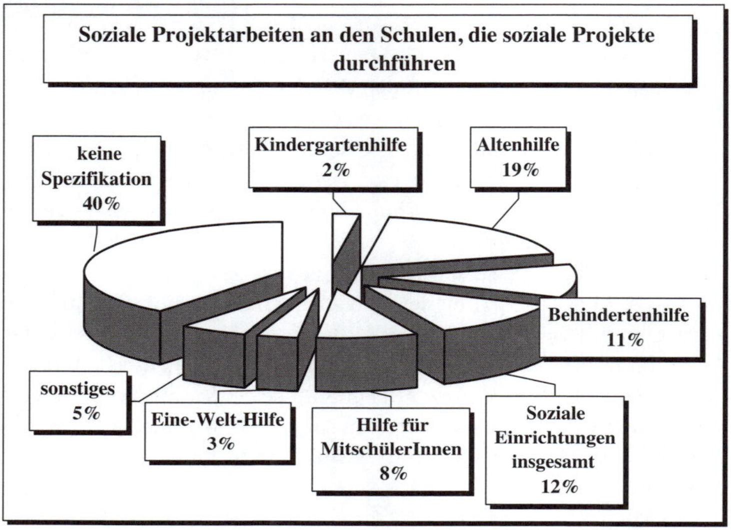

Merksatz

In den Schulen als Erziehungsinstitutionen werden in zunehmendem Maße soziale Werteförderungsansätze in direkter (soziale Projekte und Ansätze, um moralische Urteilsfähigkeit zu fördern) und indirekter Hinsicht (soziale Schulentwicklungsprozesse hin zu größerer Solidarität und Integration) eingesetzt.

Allgemein zeigt sich, dass an den Schulen sehr stark primär soziale und altruistische Werte der Universalität und der Hilfsbereitschaft betont werden. Leistungs- und Vormachtsstreben bei den Schülerinnen und Schülern wird eine bei weitem geringere Bedeutung zugesprochen.

4.3.3 Der „heimliche Lehrplan" der Schule: Ein Überblick über die Schul- und Klassenklimaforschung

Schulentwicklungsprozesse und Ansätze der Werteförderung stoßen nur dann einen dauerhaften Hinwendungsprozess zu sozialen Werten an, wenn Lehrkräfte als authentische Vorbilder sozialer Werte erlebt werden und sich das Sozialprinzip auch in einem guten Schul- und Klassenklima widerspiegelt.

Definition

Das Schulklima und das Klassenklima sind die „von den Betroffenen (Schüler, Eltern, Lehrer) wahrgenommene Ausprägung wesentlicher

Merkmale des erzieherischen Verhältnisses zwischen Lehrern und Schülern, des Verhältnisses der Schüler untereinander sowie erzieherisch bedeutsamer kollektiver Einstellungen und Verhaltensbereitschaften von Lehrern und Schülern innerhalb der jeweiligen Lernumwelt."
(Eder 1989, 111).

Der Schul- und Klassenklimabegriff bezieht sich auf die von den Schülerinnen und Schülern subjektiv empfundene Repräsentation der objektiven schulischen Gegebenheiten.

Schulkultur

Er umfasst gleichzeitig die emotionale Beziehungsqualität der Schülerschaft untereinander und zu den Lehrkräften als auch die von den Lehrkräften, Schülerinnen und Schülern und im weitesten Sinne deren Angehörigen geteilte Grundorientierung hinsichtlich Vorstellungen über Bildungs- und Erziehungsziele (Schulkultur) (Eder 1996).

Dimensionen des Schulklimas

Die Schulklimaforschung gruppiert sich dabei um die drei grundlegenden Fragen:

- Wie können fachliche Leistungen, Leistungsbereitschaft und Motivation der Schülerinnen und Schüler herbeigeführt werden (Merkmale des Unterrichts)?
- Mit Hilfe welcher Methoden kann Disziplin, Ordnung und Kontrolle im Klassenzimmer aufrechterhalten werden, was wiederum die Beziehungsstrukturen zwischen den Lehrkräften und ihren Schülerinnen und Schülern determiniert (Schüler-Lehrer-Verhältnis)?
- Wie sind die Beziehungen der Schülerinnen und Schüler untereinander beschaffen (Schüler-Schüler-Verhältnis)?

Ein als gut empfundenes Schulklima wird für Schulen erwartet, in welchen eine gemeinsame Wertebasis Schülerschaft, Lehrkräfte und Eltern eint (Schulkultur), sowohl eine klare Förderung und Wertschätzung von Interessen- und Kompetenzentwicklung, aber auch von Entwicklung sozialer Verantwortungsübernahme in Schule und Unterricht stattfindet (Merkmale des Unterrichts), die Lehrkräfte weniger mit Leistungsdruck und autoritärer Kontrolle, sondern mit Unterstützung und solidarisch mit den Schülerinnen und Schülern umgehen (Schüler-Lehrer-Verhältnis) und diese untereinander nicht in Konkurrenz, sondern in Kooperation als Klassengemeinschaft zusammenstehen (Schüler-Schüler-Verhältnis).

Auswirkungen des Schul- und Klassenklimas auf die Schülerschaft

Fend (2006) hat in seinen Studien seit den 1970er Jahren das Schul- und Klassenklima mit den Auswirkungen, welche es auf Schülerseite hat, in Zusammenhang gebracht und fand bedeutsame Zusammenhänge insbesondere zu emotionalen Komponenten. Je schlechter das Schul- und Klassenklima erlebt wird – insbesondere infolge von autoritärem Verhalten der Lehrkräfte und einer schlechten Beziehungsqualität – desto weniger Selbstbewusstsein und Selbstvertrauen entwickeln die Schüler und umso geringer ist ihre Schulfreude, umso größer sind ihre Ängste. Die Einbindung der Schülerschaft und der gegenseitige Austausch ist bei einem guten Schul- und Klassenklima erhöht.

Merksatz

Dem Schul- und Klassenklima kommt eine hohe Bedeutsamkeit für das Wohlfühlen in der Schule, die Schulfreude, die Identifikation mit der Schule und der Lernbereitschaft zu.

Zusammenfassung

In Kapitel 4 wird Bildung als ein lebenslanger Prozess dargelegt, der im Idealismus des 18. Jahrhunderts insbesondere von Humboldt unter Rückgriff auf die Antike grundgelegt wurde und sich durch die Bestandteile Individualität, Universalität und Totalität beschreiben lässt. Ein moderner Bildungsbegriff definiert Mündigkeit und verantwortungsvollen Umgang mit aktuellen Problemlagen als oberstes Ziel der Bildung.

Die Schule als Bildungsinstitution ist aufgefordert, jungen Menschen Kompetenzen zu vermitteln, die sie für die hoch arbeitsteilige und globalisierte Gesellschaft brauchen. Die Schulleistungsstudien, insbesondere die PISA-Studie, haben gezeigt, dass das deutsche Schulsystem diese Kompetenzen nicht in ausreichendem Maße vermittelt. Ein erweiterter Kompetenzbegriff geht über die kognitiven Fähigkeiten hinaus und schließt auch emotionale, soziale und motivationale Komponenten mit ein. Der Bildungs- und Erziehungsauftrag der Schulen muss demnach auch die Vermittlung sozialer Werte und Verantwortungsübernahme beinhalten. In Schulen werden in zunehmendem Maße soziale Werteförderungsansätze in direkter (soziale Projekte und Ansätze, um moralische Urteilsfähigkeit zu fördern) und indirekter Hinsicht (soziale Schulentwicklungsprozesse hin zu größerer Solidarität und Integration) eingesetzt.

Weiterführende Literatur

Apel, H. J., Sacher, W. (Hrsg.) (2005): Studienbuch Schulpädagogik. 2. Aufl. Klinkhardt, Bad Heilbrunn

Autorengruppe Bildungsberichterstattung (2008): Bildung in Deutschland 2008. Ein indikatorengestützter Bericht mit einer Analyse zu Übergängen im Anschluss an den Sekundarbereich I. Bertelsmann, Bielefeld

Konrad, F.-M. (2007): Geschichte der Schule. Von der Antike bis zur Gegenwart. Beck, München

Übungsaufgaben

1 Stellen Sie den klassischen Bildungsbegriff des Idealismus (z. B. Humboldt) einem modernen Verständnis von Bildung (z. B. Klafki) entgegen!

2 Beschreiben und erläutern Sie, wie eine moderne Ganztagsschulbildung gestaltet sein müsste, die mehr als bloße Ganztagesbetreuung ist!

3 Diskutieren Sie die Widersprüche, welche sich aus den verschiedenen Aufgaben der Schule ergeben!

4 Schildern Sie Ansätze der direkten und indirekten Werteförderung in der Schule!

5 Welche verschiedenen Komponenten beeinflussen das Schulklima und wie wirken sie sich auf Lernhaltung und Wohlfühlen aus?

Die Antworten finden Sie unter www.reinhardt-verlag.de.

5 | Lernen

Überblick

Dieses Kapitel stellt klassische und aktuelle Theorien und Zugänge zum Begriff des Lernens dar. Ferner werden die Rolle von Attribuierungen, Fähigkeitsselbstkonzepten, Motivation und Emotionen im Lernprozess erläutert sowie didaktische Konzepte und Möglichkeiten der Lern- und Leistungsbewertung überblicksartig diskutiert.

5.1 | Definition: Was ist Lernen?

Begriff Lernen

Gerade da jeder Mensch zu wissen glaubt, was unter Lernen verstanden wird, ist eine definitorische Abgrenzung zwingend notwendig. Alltagssprachlich gehen die meisten Menschen davon aus, dass unter Lernen lediglich Vorgänge des bewussten Wissenserwerbs verstanden werden und dass Lernen ein Vorgang ist, der sich insbesondere in der Schule vollzieht. Wir lernen Vokabeln, wir lernen, wie eine Integralrechnung vorzunehmen ist und wie sich die Kolonialisierung in Afrika vollzogen hat. Lernen wird dabei als ein Prozess gesehen, an dessen Ende ein größeres Maß an Fähigkeiten und Fertigkeiten steht und somit ein größeres Ausmaß an Bildung (→ Kap. 4). Der Begriff des Lernens muss jedoch wesentlich weiter gefasst werden und umfasst alle erfahrungsbedingten, auch unbewussten und nicht geplanten Veränderungen der Verhaltensmöglichkeiten von Organismen.

Definition

„**Lernen** bezieht sich auf die Veränderung im Verhalten oder im Verhaltensrepertoire eines Organismus hinsichtlich einer bestimmten Situation, die auf wiederholte Erfahrungen des Organismus in dieser Situation zurückgeht, vorausgesetzt, dass diese Verhaltensänderung nicht auf angeborene Reaktionstendenzen, Reifung, oder vorübergehende Zustände (wie etwa Müdigkeit, Trunkenheit, Triebzustände, usw.) zurückgeführt werden kann." (Bower/Hilgard 1983, 31)

Auch negativ bewertete Prozesse können ein Endergebnis des Lernens sein. Gelernt werden etwa auch unbewusste soziale Ängste oder Aggressionen bestimmten Bevölkerungsgruppen gegenüber.

Während die klassischen Lerntheorien, wie das klassische (→ Kap. 5.2) und das instrumentelle oder operante Konditionieren (→ Kap. 5.3), oftmals den Menschen als passiv den Erfahrungen der Umwelt ausgesetzt sahen, gehen kognitive Theorien von einer aktiven Rolle eines selbstreflexiven Individuums aus. Gegenwärtig werden auch sehr stark neuropsychologische Ansätze betont, welche die Rolle des Gehirns bei Lernprozessen beleuchten und sich dabei von der Black box Annahme des klassischen Behaviorismus verabschieden, die davon ausgeht, dass der Mensch nur eine Schnittstelle von Reiz-Reaktions-Verbindungen ist.

Die Neuropsychologie des Lernens

Das Großhirn ist in eine rechte und eine linke Großhirnhälfte aufgeteilt, die jeweils unterschiedliche Funktionen wahrnehmen. Allgemein gesprochen wird die linke Gehirnhälfte eher mit bewussten, sprachlichen, analytischen und sequentiellen Informationsverarbeitungen in Verbindung gebracht, während die rechte Hirnseite weniger bewusst zugänglich ist, dafür sehr stark emotional gefärbte, bildhafte und ganzheitliche Verarbeitungsschritte vornimmt. Den einzelnen topographischen Zonen innerhalb eines Hirnlappens sind bestimmte inhaltliche Aufgaben zugeordnet.

Kurzdarstellung der Funktion der Hirnareale

Der *Frontallappen* liegt unter dem Stirnknochen. In ihm erfolgen die Kontrolle der motorischen Verarbeitung von Bewegungen und die sprachliche Expression. *Der Frontallappen ist auch der Bereich komplexer kognitiver Verarbeitungsvorgänge. Zudem zeigen Personen, die unter Frontal-*

lappenverletzungen leiden, oftmals gravierende Veränderungen in ihrer Persönlichkeit. Somit gilt der Frontallappen außerdem häufig als der Bereich des Gehirns, der viele Bestandteile der individuellen Einzigartigkeit des Menschen steuert.

Der *Parietallappen* liegt unterhalb des Scheitelbeins. Die primäre Funktion dieser Areale liegt in der Erfassung der somato-sensorischen Empfindungen und Wahrnehmungen.

Der *Temporallappen* wird durch das Schläfenbein geschützt. Er verarbeitet akustische Signale, in ihm kommt es zu einer Identifizierung und Kategorisierung von Reizen.

Der *Okzipitallappen* liegt hinter dem Parietallappen. Der Okzipitallappen ist das Hirnareal, das für die visuellen Funktionen zuständig ist (Milz 1999).

Etliche menschliche Funktionen der Informationsverarbeitung wie etwa die Motorik und die visuelle Informationsverarbeitung lassen sich bestimmten neurologischen Strukturen des Gehirns zuschreiben. Entsprechend der Topographie anderer Funktionen ging man ursprünglich davon aus, dass auch Lern- und Gedächtnisprozesse ähnlich gut neurologisch zu lokalisieren seien. Aber schon die klassische Forschung im Tierexperiment etwa von Lashley (1950) zeigt, dass es unmöglich ist, die neurologischen Strukturen festzumachen, die am Lernprozess und an der Gedächtnisspeicherung beteiligt sind.

Studie

Hier handelt es sich um ein klassisches Experiment von Lashley (1950) zur Feststellung von Lernprozessen im Gehirn. Lashley brachte Versuchstieren verschiedene Verhaltensweisen bei. Anschließend wurden systematisch jeweils unterschiedliche Hirnbereiche zerstört und geprüft, ob die gelernte Verhaltensweise noch verfügbar ist. Lashley stellte fest, dass nicht eine bestimmte Gehirnstruktur allein mit Lernen und Gedächtnisspeicherung in Zusammenhang steht, sondern dass viele unterschiedliche Hirnareale Funktionen übernehmen (*Grundsatz der Äquipotenz*). Je mehr Hirnmasse zerstört wird, desto geringer ist die Erinnerung (*Grundsatz der Massenaktion*).

Man geht heute davon aus, dass beide Gehirnhälften an Erinnerungsprozessen beteiligt sind, ebenso wie Bereiche des Stammhirns. Erinnerungsstrukturen sind mehrmals in beiden Gehirnbereichen abgespeichert und unterschiedlichste Strukturen sind an Lern- und Gedächtnisprozessen beteiligt.

Lernstrukturen im Gehirn

Zwei Strukturen des limbischen Systems im Stammhirn nehmen jedoch eine besonders herausragende Stellung für das Lernen und das Abrufen von Informationen ein. Der *Hippocampus* ist sowohl beim Neulernen von Informationen beteiligt als auch beim Abruf von gespeicherten Informationen. Wird diese Gedächtnisstruktur auf beiden Hirnseiten zerstört, kann keine weitere Information mehr gelernt werden und bisher Gelerntes kann nicht mehr erinnert werden. Die *Amygdala* ist bei der emotionalen Speicherung von Informationen beteiligt, etwa wenn wir uns an Episoden aus unserem Leben erinnern, die mit traumatischen Erfahrungen besetzt sind. Ist die Amygdala zerstört, werden zwar die Informationen noch gespeichert und erinnert, aber die Gefühle, etwa Trauer oder Angst, können nicht mehr nachvollzogen werden.

Daneben sind viele andere Hirnbereiche indirekt mit dem Lernprozess verbunden, wie etwa die *formatio reticularis* im Mittelhirn. Diese steuert den Wachheits- oder Aufmerksamkeitsgrad einer Person. Nach dem Yerkes-Dodson-Gesetz werden Informationen am besten bei einer mittleren Erregung oder Wachheit gelernt. Bei einer sehr geringen Wachheit, etwa bei großer Müdigkeit, und bei einer sehr hohen Wachheit oder Erregung, etwa bei Panik, werden Informationen, wie auch die Alltagserfahrung lehrt, sehr schlecht aufgenommen und abgerufen.

Chemische und elektrische Impulsübertragung

Das Lernen von Information vollzieht sich über elektrische und chemische Veränderungen im Organismus und in den Nervenzellen. Die Nervenzellen sind die Unter- und Funktionseinheiten des Nervensystems. Die einzelnen Nervenzellen bestehen aus dem Zellkörper, der über Fortsätze, den Dendriten und dem Axon, mit anderen Zellen verbunden ist. Über die Dendriten werden Informationen in Form von Erregungen von anderen Zellen empfangen. Über das Axon, den Hauptfortsatz der Nervenzelle, werden die Informationen an andere Zellen weitergeleitet. Die Endknöpfchen des Axons bilden mit der Membran, der Oberflächenhülle der nachfolgenden Zelle, die Synapse, über die die Erregungsübertragung stattfindet. An den Zellenden, den Synapsen, mit denen die Nervenzellen untereinander und mit anderen Zellen (etwa Muskelzellen) verbunden sind, werden chemische Übertragungsstoffe ausgesendet, welche die Erregung auf die anderen Zellen übertragen. Unterschieden werden erregende-exzitatorische Synapsen, welche die Weitergabe von

Informationen ermöglichen und beschleunigen, und hemmende-inhibitorische Synapsen, welche die Weitergabe von Informationen schwächen und verhindern. Die Überleitung der Erregung findet dabei über chemische Substanzen, die Neurotransmitter statt. Jede Nervenzelle kann nur eine bestimmte Transmittersubstanz produzieren. Transmittersubstanzen sind beispielsweise die Gamma-Aminobuttersäure GABA als Transmitter der hemmenden Synapsen sowie Acetylcholin (Ach), Noradrenalin, Dopamin, Serotonin und die Neuropeptide. Viele der Neurotransmitter der Nervenzellen wirken auch als Hormone auf dem Blutweg als Informationsträger. Die Übertragung von Information findet also zum einen über hormonell-chemische Prozesse im Organismus statt, die jedoch relativ ungerichtet sind und auch länger dauern, als die chemischen Übertragungsprozesse mit Hilfe der elektrischen Membranerregungseigenschaften der Informationsübertragung über die Dendriten und Axone der Nervenzellen.

Merksatz

Lernen ist allgemein gesprochen eine Veränderung im Verhalten oder im Verhaltensrepertoire eines Organismus, wobei an Lernprozessen weite Teile des Gehirns beteiligt sind.

Bildhaft kann man davon ausgehen, dass kurzfristige chemische und elektrische Erregungen das Speichern und Halten von Informationen im Kurzzeitgedächtnis bedingen (dynamisches Engramm), ein Prozess der entsprechend leicht erschüttert werden kann. Langzeitgedächtnisprozesse verändern dagegen den Zellaufbau und die Eigenschaften von Zellen dauerhaft und ermöglichen deshalb eine dauerhafte Speicherung (strukturelles Engramm) (Kahle 1991; Bednorz / Schuster 2002).

5.2 | Theorien des Lernens

5.2.1 | Klassische Konditionierung

Verknüpfung von Reizen mit Reaktionen

Die Theorie der klassischen Konditionierung geht primär auf *Pawlow* und *Watson* zurück. Pawlow geht davon aus, dass es unkonditionierte Reize gibt, die reflexhaft in jedem Fall ein bestimmtes Verhalten – eine unkonditionierte Reaktion – auslösen. Werden diese Reize mit Reizen gekoppelt, die ursprünglich neutral sind und keine reflexhaften Reaktionen auslösen, so werden diese zu konditionierten Reizen, welche die Reflexreaktion schließlich als konditionierte Reaktion auslösen. Lernen vollzieht sich bei der klassischen Konditionierung also über die Verknüpfung von Reizen mit Reaktionen, die ursprünglich nicht miteinander in Zusammenhang standen.

Hierzu ist nötig, dass der unkonditionierte und der konditionierte Reiz in einer engen zeitlichen Verbindung auftreten (Kontiguität).

Kontiguität

Werden an den nun konditionierten Reiz weitere Reize gebunden, so werden diese ebenfalls zu konditionierten Reizen und lösen die konditionierte Reaktion aus (Konditionierungen höherer Ordnung).

Tritt der konditionierte Reiz wiederholt über längere Zeit ohne den unkonditionierten Reiz auf, dann wird nach einer bestimmten Zeit nicht mehr die konditionierte Reaktion gezeigt (Extinktion oder Löschung).

Extinktion oder Löschung

Pawlow stützte seine Theorie auf seine klassischen Experimente zur Konditionierung des Speichelflusses.

Studie

Die klassische Konditionierung im Experiment von Pawlow

Die Hunde im Pawlowschen Labor sondern Speichel ab, sobald sie Futter vorgesetzt bekommen. Werden die Hunde gefüttert während dabei oder unmittelbar zuvor eine Glocke ertönt, löst dies ebenfalls den Speichelfluss aus. Nach einigen Durchgängen, in welchen jeweils Futter und Glockenton kombiniert dargeboten werden, speicheln die Hunde bereits beim Ertönen der Glocke. Wird die Glocke nun in Kombination mit einem Licht dargeboten, so setzt der Speichelfluss bald nur auf den Lichtreiz hin ein. Erfolgt längere Zeit keine Futtergabe auf die Reize Glocke und Licht, wird die Speichelreaktion schließlich nicht mehr ausgelöst.

Klassische Konditionierung

unkonditionierter Reiz (Futter)
→ unkonditionierte Reaktion (Speicheln)

unkonditionierter Reiz + konditionierter Reiz (Glocke)
→ unkonditionierte Reaktion (Speicheln)

konditionierter Reiz (Glocke)
→ konditionierte Reaktion (Speicheln)

konditionierter Reiz (Glocke) + konditionierter Reiz (Licht)
→ konditionierte Reaktion (Speicheln)

Die klassische Konditionierung ist auf den Menschen übertragbar. Auch wenn diese Theorie heute wesentlich erweitert wurde, können mit ihr vielfach gelernte Vorlieben oder Abneigungen erklärt werden.

Beispiel

Beispiel aus der Schule
Ein Grundschüler, der wiederholt vom Klassenlehrer vor der Klasse gedemütigt wurde (unkonditionierter Reiz), und jeweils mit Bauchschmerzen reagiert (unkonditionierte Reaktion), weigert sich nach einigen Wochen, in die Schule zu gehen, da er, wenn er das Schulgebäude sieht (konditionierter Reiz) schon mit Magenbeschwerden reagiert (konditionierte Reaktion).

Beispiel aus dem Alltag
Umgekehrt versucht die Werbung positive Emotionen an ein Produkt zu binden. Stimuli, wie eine glückliche Familie, schöne, entspannte Menschen, eindrucksvolle Urlaubslandschaften (unkonditionierter Reiz), die auf jeden Fall positive Emotionen auslösen (unkonditionierte Reaktion), werden an ein ursprünglich neutrales Produkt, wie etwa ein Getränk oder ein bestimmtes Waschpulver gekoppelt (konditionierter Reiz), der daraufhin ebenfalls mit positiven Emotionen besetzt wird (konditionierte Reaktion).

Black box

Da der Mensch in dieser Theorie nur eine passive Rolle als Schnittstelle von Reizen und Reaktionen einnimmt, bezeichnet Watson ihn als black box, dessen Inneres anders als in der Psychoanalyse nicht Gegenstand der Betrachtung ist (Bednorz/Schuster 2002).

Merksatz

Die klassische Konditionierung versteht unter Lernen die Herstellung neuer Reiz-Reaktions-Verbindungen, die ursprünglich nicht miteinander in Zusammenhang standen.

5.2.2 Instrumentelle Konditionierung

Verknüpfung von Reaktionen mit Verstärkung

Die Theorie der operanten oder instrumentellen Konditionierung fußt auf den Studien von *Thorndike* und *Skinner*. Auch hier werden wie im Falle der klassischen Konditionierung Tierexperimente auf den Menschen übertragen. Die operante Konditionierung sagt aus, dass ein bestimmtes Verhalten dann öfter gezeigt, das heißt gelernt wird, wenn darauf eine positive Konsequenz, eine Verstärkung, folgt. Durch eine entsprechende

Verstärkung kann jedes Verhalten in seinem Auftreten erhöht werden; durch eine Bestrafung kann jedes Verhalten in seinem Auftreten vermindert werden.

Verstärkerarten

Bei den Verstärkern werden primäre Verstärker (Nahrung, Sex), materiale Verstärker (Kleidung, Spielsachen etc.), soziale Verstärker (Zuwendung, gemeinsame Zeit etc.) und generalisierte Verstärker (Geld) unterschieden.

Verhaltensformung

Da es sehr unwahrscheinlich ist, dass das gewünschte Verhalten sofort gezeigt wird, werden bei der Verhaltensformung (*shaping of behavior*) zunächst alle Verhaltensweisen positiv verstärkt, die in die gewünschte Richtung zielen. Dies wären zum Beispiel alle Verhaltensweisen eines Zirkustieres, die dem Verhalten nahe kommen, das es in der Dressur lernen soll.

Verstärkerpläne

Wie dauerhaft ein bestimmtes Verhalten gelernt wird, ist abhängig von den angewandten Verstärkerplänen. Ein Verhalten wird dann dauerhafter gelernt, wenn die Verstärkung unregelmäßig, dafür in größerem Umfang erfolgt. Dieses Prinzip liegt etwa dem psychisch stark süchtig machenden Glücksspiel zugrunde. Auch hier werden in unregelmäßigen Abständen Geldbeträge gewonnen, was es dem Abhängigen erschwert, mit dem Glücksspiel aufzuhören (*„Nur noch einmal, dann gewinne ich bestimmt!“*).

Extinktion oder Löschung

Wird ein bestimmtes Verhalten nicht mehr belohnt, kommt es nach einiger Zeit, bei unregelmäßigen Verstärkerplänen erst später, zu einer Löschung oder Extinktion des gelernten Verhaltens.

Studie

Die operante oder instrumentelle Konditionierung im Experiment nach Skinner

Die Tiere (meist wurden Ratten oder Tauben eingesetzt) sitzen in einem Käfig und zeigen verschiedene natürliche Verhaltensweisen. Bestimmtes Verhalten (z.B. Drücken eines Hebels oder Picken auf ein bestimmtes Plättchen) wird mit einer Futtergabe belohnt. Die Tiere zeigen dieses Verhalten daraufhin verstärkt (Erhöhung durch positive Verstärkung). Ist das Verhalten durch kontinuierliche Verstärkung antrainiert worden, wird das Auftreten des Verhaltens durch eine nur unregelmäßige Gabe von größeren Futtereinheiten noch im Auftreten verstärkt. Wird ein bestimmtes Verhalten bestraft (z.B. das Betreten einer bestimmten Fläche durch Elektroschocks), lässt dieses Verhalten nach und wird vermieden (Verminderung durch Bestrafung). Wird ein bestimmtes Verhalten durch das Ausbleiben eines bestimmten negativen Ereignisses belohnt (z.B. Aussetzen der Elektroschocks bei Hebelbetätigung), dann wird dieses Verhalten öfter gezeigt (Erhöhung durch negative Verstärkung).

Operante oder instrumentelle Konditionierung

Positive Verstärkung (Futter)
→ Verhaltenswahrscheinlichkeit erhöht (Hebelbetätigung)

Negative Verstärkung (Ausbleiben von Elektroschocks)
→ Verhaltenswahrscheinlichkeit erhöht (Hebelbetätigung)

Bestrafung (Elektroschocks)
→ Verhaltenswahrscheinlichkeit vermindert (Treten auf elektrisch geladenes Gitter)

Beispiel

Tab. 10 | **Beispiele für Verstärkungen und Bestrafungen**

Positive Verstärkung (Hinzufügen eines angenehmen Reizes, z. B. Geld, Zuwendung)	
Beispiel aus der Schule *Die Lehrerin verteilt Süßigkeiten für richtige Hausaufgaben, was die Wahrscheinlichkeit des Hausaufgabenmachens bei den Schülerinnen und Schülern erhöht.*	**Beispiel aus dem Alltag** *Die Eltern stellen in Aussicht, dass am Sonntag Zeit für einen gemeinsamen Ausflug ist, wenn die Kinder am Samstag bei der Hausarbeit helfen, was die Bereitschaft zur Mitarbeit erhöht.*
Negative Verstärkung (Wegnahme eines unangenehmen Reizes, z. B. Schläge, Missachtung)	
Beispiel aus der Schule *Der Lehrer stellt Schüler bloß, die falsche Antworten geben. Die Schülerinnen und Schüler lernen daraufhin verbissen, um der Bloßstellung in der Klasse bei falschen Antworten zu entgehen.*	**Beispiel aus dem Alltag** *Die Kinder der Familie erhalten Zusatzhausarbeit, wenn Sie nicht folgsam sind. Die Kinder werden sich um Folgsamkeit bemühen, um der Zusatzhausarbeit zu entgehen.*
Bestrafung durch Wegnahme eines angenehmen Reizes	
Beispiel aus der Schule *Die Schülerinnen und Schüler sind durch Aggressionen gegen die Lehrkräfte aufgefallen. Zur Bestrafung wird die Klassenfahrt gestrichen. Das aggressive Verhalten wird unterdrückt.*	**Beispiel aus dem Alltag** *Das Kind war in der Schule schlecht und wird jetzt durch Fernsehentzug bestraft. Es lernt, seinen Lernstoff infolge der Bestrafung gründlicher zu memorieren.*
Bestrafung durch Hinzufügen eines unangenehmen Reizes	
Beispiel aus der Schule *Die Schülerinnen und Schüler schwätzen und erhalten deshalb eine zusätzliche Hausaufgabe.* *Das Schwätzen nimmt ab.*	**Beispiel aus dem Alltag** *Das unfolgsame Kind wird von den Eltern in sein Zimmer geschickt und muss dort zwei Stunden verbleiben. Es wird sich nun eher um Folgsamkeit bemühen.*

Die operante Konditionierung ist vom Tierexperiment auch auf den Menschen in seinem Lernverhalten in Alltag und Schule übertragbar (siehe Tab. 10).

Generell werden Bestrafungen sehr kritisch gesehen, da sie unerwünschtes Verhalten nur für einen gewissen Zeitraum unterdrücken. Unterbleibt die Bestrafung, wird das unerwünschte Verhalten unter Umständen noch häufiger gezeigt. Zudem gefährdet Bestrafung das Selbstwertgefühl (→ Kap. 3.3.2). Die Lerngesetze aus den Tierexperimenten lassen sich auf den Menschen übertragen, da angenommen wird, dass der Mensch dasjenige Verhalten zeigt, das belohnt wird und ein Verhalten unterlässt, das nicht belohnt oder sogar bestraft wird. Beispiel hierfür ist die *„Baby in Box"-Untersuchung* von Skinner. Er fertigte eine komplette Aufzuchtstation mit Temperaturregulation, Nahrung und explorativem Spielzeug an und erprobte diese Vorrichtung an seiner eigenen Tochter. Auf seinem Prinzip basiert auch der *Programmierte Unterricht*, bei dem die Schülerinnen und Schüler selbstständig ein Lernprogramm bearbeiten und je nach richtigen oder falschen Antworten belohnt werden (Bower/Hilgard 1983).

Merksatz

Die operante oder instrumentelle Konditionierung versteht unter Lernen die Formung und Erhöhung der Auftretenswahrscheinlichkeit eines bestimmten Verhaltens durch Verstärkung.

5.2.3 Soziales Lernen

Modelllernen

Die Theorie des sozialen Lernens, des Modell-, Nachahmungs- oder Beobachtungslernens geht in erster Linie auf *Bandura* zurück.

Vier Phasen des Modelllernens

Anders als bei der Konditionierung ist Modelllernen nicht allein durch Verstärkung zu erklären. Modelllernen ist ein kognitiver Lernprozess, bei dem ein Beobachter als Folge der Beobachtung des Verhaltens eines Modells sowie der Konsequenzen dieses Verhaltens sich neue Verhaltensweisen aneignet oder bestehende Verhaltensmuster verändert. Damit es zu einer Nachahmungsleistung (Veränderung im Verhalten) kommt, sind vier verschiedene Schritte nötig; die ersten beiden dieser vier Schritte (Aneignungsphase) führen zu einem Lernprozess (Veränderungen im Verhaltensrepertoire); die letzten beiden Schritte werden als Ausführungsphase bezeichnet.

Verstärkung

Eine wichtige Rolle beim Modelllernen spielt wie auch bei der Konditionierung die Verstärkung. Anders als beim Konditionieren wird jedoch nicht nur ein Verhalten in seinem Auftreten ansteigen, das direkt beim Beobachter verstärkt wird, sondern es zeigt sich, dass auch Verhaltensweisen eher nachgeahmt werden, die beim Modell verstärkt werden (stellvertretende Verstärkung).

Tab. 11 | Die vier Phasen des Modelllernens

I. Aneignungsphase

1. Phase der Aufmerksamkeitszuwendung
Ein Verhalten kann am Modell nur dann gelernt werden, wenn entsprechende Modelle zur Verhaltensbeobachtung zur Verfügung stehen. Modellen, die aufgrund ihrer Rolle, Rang oder Attraktivität als nachahmenswert erscheinen sowie Ähnlichkeiten mit dem Beobachter aufweisen, wird eher Aufmerksamkeit geschenkt.

Beispiel aus der Schule	Beispiel aus dem Alltag
Als Problem im Zusammenhang mit den mangelnden Modellen wird beispielsweise genannt, dass Kinder mit Migrationshintergrund in ihrer Umgebung der Schule kaum Lehrkräfte mit Migrationshintergrund erfahren, die Rollenvorbilder wären. Kinder, die in der Klasse die Anführer sind und attraktiv aussehen, werden eher nachgeahmt als die Außenseiter.	Als Problem im Zusammenhang mit den mangelnden Modellen wird beispielsweise genannt, dass noch zu wenig Frauen in Führungspositionen sind und zu wenige Männer Vaterschaftsurlaub in Anspruch nehmen. Personen, die sich durch Titel und Habitus als „Experten" ausweisen lassen, werden eher nachgeahmt als Personen, die nicht über entsprechende Zertifikate verfügen.

2. Gedächtnis- oder Behaltensphase
Das beobachtete Verhalten wird in kognitive Strukturen umgesetzt und entweder bildlich oder als sprachliche Information gespeichert. Gelernt werden auch Verhaltensweisen durch Beobachtung, die abgelehnt und somit nur gelernt, aber nicht ausgeführt werden.

Beispiel aus der Schule	Beispiel aus dem Alltag
Die Schülerin beobachtet, wie eine Klassenkameradin eine Bewerbung schreibt und aufbaut (Anschreiben, Lebenslauf und Anlagen). Die Schülerin speichert die drei Bestandteile in ihrem Gedächtnis ab.	Im Fernsehen beobachten Kinder mit Entsetzen, wie in einem Western eine Person skalpiert wird. Der Vorgang ist durch Beobachtung gelernt, wird aber nicht ausgeführt.

II. Ausführungsphase

3. motorische Reproduktion
Um zur Ausführung zu gelangen, muss das Verhalten in Einzelbestandteile aufgeteilt werden, die geübt werden müssen. Eine Handlung kann theoretisch in der zweiten Phase gelernt sein, aber aufgrund motorischer Prozesse nicht ausgeführt werden können.

Beispiel aus der Schule	Beispiel aus dem Alltag
Der Sportlehrer hat das Turnen am Reck vorgeführt, aber die Schülerinnen und Schüler schaffen es nur teilweise die Abläufe auch praktisch-motorisch auszuführen.	Immer wieder üben die Kinder, wie das Jonglieren geht, das sie im Zirkus gesehen haben, doch sie wissen zwar theoretisch wie die Abläufe sind, können jedoch die Bälle nicht im Gleichgewicht halten.

4. Motivationsprozesse
Ein Verhalten wird nur dann ausgeführt, wenn es entweder direkt verstärkt wird oder wenn es stellvertretend beim Modell verstärkt wird (Stellvertretende Bekräftigung).

Beispiel aus der Schule	Beispiel aus dem Alltag
Das Kind, das in der Klasse Schwächeren hilft, wird von der Lehrerin gelobt. Ab da helfen auch andere Kinder bereitwilliger mit.	Der kleine Junge wird von den Eltern geschimpft, da er einen Schal für seinen Teddy strickt, was sich für einen Jungen nicht gehört. Stricken hat er von seiner Schwester gelernt, die dafür belohnt wurde.

Studie

Das Modelllernen im Versuch von Bandura

Vorschulkinder wurden in verschiedene Gruppen eingeteilt, die unterschiedliche aggressiv gefärbte Beobachtungen machten. Variiert wurden dabei jeweils die Arten des Modells (reales, filmisches und comichaftes Modell) sowie die stellvertretende Verstärkung (Belohnung, Bestrafung, keine Verstärkung):

Versuch 1:
Gruppe 1 beobachtete einen Erwachsenen, der eine Puppe tritt.
Gruppe 2 beobachtete diesen Erwachsenen in einem Film.
Gruppe 3 beobachtete eine aggressive Trickfilmfigur.
Gruppe 4 beobachtete kein aggressives Modell.

Versuch 2:
Das filmische Modell wurde dabei entweder belohnt, bestraft oder ohne Verstärkung gelassen

Die Kinder, die diese unterschiedlichen Beobachtungen gemacht hatten, wurden nun in einen Raum gebracht, in dem die gezeigte Puppe vorhanden war. Die Kinder zeigten nun folgendes Verhalten:

- Kinder mit aggressivem Modell (real, filmisch, comichaft)
  → stark erhöhte aggressive Akte
- Kinder mit realem Modell in Realität und im Film
  → die meisten aggressiven Akte
- Kinder ohne aggressives Modell
  → keine aggressiven Akte
- Kinder mit belohntem Modell oder ohne Konsequenz
  → stark erhöhte aggressive Akte
- Kinder mit bestraftem Modell
  → keine aggressiven Akte

Durch das Lernen am Modell werden insbesondere Verhaltensweisen erlernt, die oftmals nicht direkt vermittelt oder verstärkt werden, wie aggressive Verhaltensweisen oder auch Geschlechtsstereotypien.

Tab. 12 | **Zusammenfassung der Ergebnisse von Banduras Studie (vgl. Bandura 1979)**

		Art des Modells			
		Real	**Filmisch**	**Comichaft**	**Kein Modell**
Art der Konsequenz für das Modell	**Belohnung**	Kinder zeigen viele aggressive Akte	Kinder zeigen viele aggressive Akte	Kinder zeigen viele aggressive Akte	Kinder zeigen keine aggressiven Akte
	Keine Konsequenz	Kinder zeigen viele aggressive Akte	Kinder zeigen viele aggressive Akte	Kinder zeigen viele aggressive Akte	Kinder zeigen keine aggressiven Akte
	Bestrafung	Kinder zeigen keine aggressiven Akte	Kinder zeigen keine aggressiven Akte	Kinder zeigen keine aggressiven Akte	Kinder zeigen keine aggressiven Akte

Beispiel

Beispielsweise beobachten Kinder das „angemessene" Verhalten für Männer und Frauen durch die tägliche Beobachtung ihrer Eltern sowie der Bezugspersonen in Schule und Kindergarten. Eltern, die in der klassischen Rollenverteilung leben, vermitteln ihren Kindern dabei ein anderes Geschlechterbild als Eltern, welche in egalitären Partnerschaften Kinder erziehen. Die Nähe des Modelllernens zur Sozialisation und zur funktionalen Erziehung ist sehr groß.

Merksatz

Unter Modelllernen versteht man einen Lernprozess, bei dem sich ein Beobachter durch die Beobachtung des Verhaltens eines Modells sowie der Konsequenzen dieses Verhaltens neue Verhaltensweisen aneignet oder bestehende Verhaltensmuster verändert.

Das Modelllernen stellt wegen seiner Betonung kognitiver Prozesse die Schnittstelle zwischen den klassischen behavioristischen Lerntheorien und den kognitiven Lerntheorien des Kognitivismus und des Konstruktivismus dar. Mit den behavioristischen Lerntheorien hat das Modelllernen etwa die Betonung von Prozessen der Verstärkung gemein, welche über das Auftreten des gelernten Verhaltens entscheiden. Andererseits wird das Individuum beim Modelllernen schon als aktiver Konstrukteur seiner Wirklichkeit und als Gestalter seiner Lerngeschichte aus der Rolle des passiv Handelnden herausgehoben. Wie in den kognitiven Lerntheorien lenkt es bewusst seine Aufmerksamkeit auf Modelle und Vorgänge seines Interesses, setzt das beobachtete Verhalten in kognitive Strukturen um und speichert diese entweder bildlich oder sprachlich.

Kognitivismus und Konstruktivismus

5.2.4

Lernen als Informationsverarbeitung

Im Rahmen der kognitiven Lerntheorie werden anders als in den klassischen behavioristischen Lerntheorien Lernprozesse als Prozesse der Informationsverarbeitung und ihrer Speicherung in Gedächtnisstrukturen verstanden. Der Einzelne ist aktiver Konstrukteur seiner Wirklichkeit. Er setzt sich im Rahmen von Lernvorgängen bewusst mit Problemstellungen auseinander, setzt Wissensinhalte und Fertigkeiten in kognitive Strukturen um und speichert sie im Gedächtnis.

Dreispeichermodell

Der Kognitivismus geht von einem Dreispeichermodell der kognitiven Informationsverarbeitung aus, das aus dem sensorischen Ultrakurzzeitgedächtnis, dem Kurzzeit- oder Arbeitsgedächtnis und dem Langzeitgedächtnis besteht.

Wie kommt es zu einer dauerhaften Speicherung von Informationen?
Durch die Sinnesorgane werden in den Ultrakurzzeitspeicher alle umgebenden Reize aufgenommen, wobei die Aufmerksamkeit nur auf die als bedeutsam erachteten Dinge gelenkt wird. Diese werden ins Kurzzeitge-

Die drei Gedächtnisarten

Tab. 13

Gedächtnisart	Sensorisches Gedächtnis / Ultrakurzzeitgedächtnis	Kurzzeitgedächtnis / Arbeitsgedächtnis	Langzeitgedächtnis
Anzahl der gespeicherten Elemente	Aufnahme sehr großer Mengen; nur wenige, auf die die Aufmerksamkeit gelenkt wird, gehen auch wirklich ins Kurzzeitgedächtnis ein	Speicherung von 7 +/− 2 Einheiten; Eingangstor zum Langzeitgedächtnis und Arbeitsgedächtnis, in dem Informationen verarbeitet werden	Speicherung beliebig vieler Informationen durch dauerhafte Veränderung von Nervenzellen
Behaltensdauer	Bruchteile von Sekunden	Maximal wenige Minuten	Unbegrenzte Speicherdauer
Bewusstheit der Inhalte	Unbewusste Aufnahme	Bewusstheit	Bewusstheit
Vergessenskurve	Information gelangt nichts ins Bewusstsein	Kann durch elektrische oder chemische Prozesse ausgelöscht werden	Kann nicht durch elektrische oder chemische Prozesse ausgelöscht werden

dächtnis überführt und dort durch Anwendung bestimmter Lernstrategien (→ Kap. 5.3) wie Wiederholung, Reduzierung auf die wesentlichen Elemente oder Verknüpfung mit bereits bestehendem Wissen dauerhaft ins Langzeitgedächtnis überführt. Dabei wird Neugelerntes an bereits Gelerntes angebunden und in einem Netzwerk mit unterschiedlichem Vorwissen verankert. Dieses Vorwissen bildet später Hinweisreize zum Abruf des Gespeicherten. Je mehr Verknüpfungen mit anderen Wissensinhalten bestehen, desto mehr Zugänge ergeben sich zu der neuen Wissensstruktur.

Wie kommt es zum Abruf der gespeicherten Elemente?
Ähnlich wie Lernprozesse sind auch Prozesse des Wiedererinnerns von Informationen kein passiver, sondern ein aktiver Rekonstruktionsprozess. Soll man etwa aus dem Gedächtnis seine erste Bergwanderung schildern, so ist diese Erinnerung nicht minutengenau im Gedächtnis abgespeichert. Wesentliche Informationen sind vorhanden, während andere ergänzt und rekonstruiert werden müssen. Dadurch kann es zu Erinnerungsverzerrungen kommen, da die eigene Erinnerung mit typischen Versatzstücken sowie Phantasien ausgeschmückt wird.

Wie kommt es zum Vergessen?
Ein eigentliches Vergessen von Inhalten des Langzeitgedächtnisses, in dem Sinne, dass eine Information überhaupt nicht mehr im Gehirn vorhanden wäre, ist nicht möglich. Wenn Informationen nicht mehr abgerufen werden können, dann sind dem Individuum die Zugänge zu diesen Informationen verschlossen, etwa indem hochemotionale Zustände den Abruf blockieren (der berühmte „Blackout“ in der Prüfung), oder indem das Individuum die falschen Hinweisreize setzt („Es liegt mir auf der Zunge“, jedoch erst auf ein bestimmtes Stichwort hin sprudelt die Information). Auch können Wissensinhalte nicht abgerufen werden, wenn sie zu wenig mit bisherigem Wissen vernetzt sind.

In welchen inhaltlichen Strukturen werden die gelernten Informationen abgelegt?
Es existieren drei, bezüglich der gespeicherten Informationen abgrenzbare Gedächtnisinhalte: das deklarative (Fakten)wissen, etwa das Wissen über die griechischen Inseln oder die Kolonialisierung Afrikas, das episodische (Biographie)wissen, etwa über den eigenen ersten Schultag oder den Tod der Großmutter, und das prozedurale (Ausführungs)wissen, etwa über die Arbeitsschritte beim Backen eines Kuchens oder beim Fahrradfahren. In Bezug auf die Wissensstrukturen werden außerdem Schemata und Skripts unterschieden. Schemata sind auf Faktenwissen bezogene Netzwerke von Wissensstrukturen, die alle Informationen

Die vier Lernarten von Ausubel (nach Edelmann 2000, 139) | **Tab. 14**

	mechanisch / wörtlich	sinnvoll / inhaltlich
rezeptiv / aufnehmend	Die fertig dargebotenen Informationen werden wortwörtlich auswendig gelernt, ohne sie zu hinterfragen oder mit Vorwissen zu verknüpfen („Stures Auswendiglernen“) **Beispiel aus der Schule** *Vokabeln, die von der Lehrerin diktiert werden, werden stur auswendig gelernt*	Die fertig dargebotenen Informationen werden nicht wörtlich, sondern inhaltlich gelernt, und mit Vorwissen verknüpft **Beispiel aus der Schule** *Die Vokabeln werden durch den Schüler gelernt, indem er sich eine Geschichte ausdenkt, welche diese Vokabeln enthält*
entdeckend / selbsterarbeitet	Die Informationen werden erst vom Lernenden herausgearbeitet, aber dann wortwörtlich auswendig gelernt, ohne sie mit Vorwissen zu verknüpfen **Beispiel aus der Schule** *Der Verlauf des Krieges wird vom Schüler aus Tagebuchaufzeichnungen herausgearbeitet, notiert und dann auswendig gelernt*	Die Informationen werden erst vom Lernenden herausgearbeitet und dann sinnvoll mit Vorwissen verknüpft und in die kognitive Struktur eingefügt **Beispiel aus der Schule** *Der Verlauf des Krieges wird aus Tagebuchaufzeichnungen herausgearbeitet und mit dem Wissen zur Entstehung der Diktatur verknüpft*

über ein Thema enthalten, etwa in der Schule alles über das römische Weltreich oder im Alltag alles über die Fernsehgewohnheiten des Partners. Skripts enthalten die Informationen über den Ablauf von Vorgängen und sind nicht zwangsläufig verbal zugänglich. So kann man etwa die Schritte beim Stabhochsprung ausführen, jedoch nicht unbedingt sprachlich erklären.

Welche Arten des Lernens von Wissensdimensionen gibt es?

Ausubel unterscheidet beim Aufbau von Wissensinhalten vier verschiedene Lernarten anhand zweier Dimensionen: das mechanisch-wörtliche versus sinnvoll-inhaltliche Lernen und das rezeptiv-aufnehmende versus entdeckend-selbsterarbeitende Lernen (siehe Tab. 14)

Informationen, welche sinnvoll und inhaltlich gelernt und durch einen selbst erarbeiteten Prozess herausgearbeitet wurden, werden oftmals besser erinnert als fertig dargebotene Informationen, welche rezeptiv und mechanisch gelernt wurden. Der Grund hierfür ist, dass sinnhaft aufgenommene Informationen stärker mit Vorwissen in Verbindung gesetzt

Merksatz

Die kognitive oder konstruktivistische Lerntheorie versteht unter Lernen im weitesten Sinne Informationsverarbeitung und Gedächtnisspeicherprozesse, welche eine Einfügung neuer Wissensinhalte in bestehende kognitive Strukturen bedingen.

werden. Das Wissen ist dadurch besser in die bisherige Wissensstruktur eingebunden und es stehen mehr Hinweisreize zum Abruf des Gespeicherten bereit (Seel 2003).

5.3 | Lernstrategien und Lernplanung

Von den Lernstrategien, die die Strukturierung und Speicherung der Wissensinhalte umfassen, wird die Lernplanung unterschieden, wie etwa das Zeitmanagement, die Lernplatzgestaltung und metakognitive Strategien, die den Lernprozess stützen sollen.

Lernstrategien

Im Rahmen der bewussten Lernvorgänge werden nach der kognitiven Lerntheorie Inhalte mit Hilfe von Lernstrategien bewusst ins Gedächtnis aufgenommen und dort mit bereits bestehender Information verknüpft (→ Kap. 5.2). Es werden zwei hauptsächliche Lernstrategien unterschieden.

Reduzierung

Zu nennen ist zum einen die Reduzierung oder die Organisation des Lernstoffes, zum Beispiel durch das Herausschreiben der wichtigsten Stichworte aus Texten, um anhand dieser den Sachverhalt zu rekonstruieren. Beispielsweise reduziert ein Schüler ein Kapitel über den zweiten Weltkrieg, indem er das Kapitel in ein Schaubild umsetzt, in welches er die Gründe für den Krieg, den Verlauf und die Folgen des Krieges hierarchisch als Stichworte in Kästen darstellt und mit Pfeilen logisch verbindet (*Mind Maps*).

Elaboration

Bei der zweiten grundsätzlichen Lernstrategie, der Elaboration, wird der Lernstoff mit bestehendem Wissen in einen Zusammenhang gestellt, etwa zum Beispiel durch das Suchen von Anwendungsmöglichkeiten im Alltag, von ähnlichen Fällen etc. Dadurch wird die Möglichkeit, das Gelernte an Vorwissen anzubinden, erhöht. Eine Möglichkeit stellt etwa die Methode der Orte dar, bei der Informationen mit einem vertrauten Ort verknüpft werden, etwa mit den Orten, die zwischen dem Weg von zuhause zur Universität passiert werden (*Loci-Methode*).

Lernplanung

Von den Lernstrategien im eigentlichen Sinne ist die Lernplanung zu unterscheiden. Mit Hilfe metakognitiven Wissens wird der Lernprozess strukturiert, geplant und überdacht. Metakognitives Wissen ist definiert als Wissen über das Wissen und den Wissenserwerb, also etwa Wissen über Lernstrategien, die Faktoren, die ein optimales Lernergebnis bedingen, die Gestaltung von Lernumgebungen, das Zeitmanagement und den individuellen Lerntyp.

In diesem Zusammenhang ist auch Wissen über hemmende Faktoren relevant, welche

Merksatz

Lernstrategien helfen bei der Strukturierung und Speicherung von Wissen, während die Lernplanung die Gestaltung von Arbeitsplatz und das Zeitmanagement umfasst sowie metakognitives Wissen über den individuellen Lerntyp und hemmende Lernfaktoren.

Hemmende Lernfaktoren | **Tab. 15**

	Definition	Beispiel
Proaktive Hemmung	Ein vorher gelerntes Wissen beeinträchtigt nachfolgend gelerntes Wissen, wenn die Konsolidierungsphase der Gedächtniseinspeicherung noch nicht abgeschlossen ist. Deshalb sind Pausen zur Wissenskonsolidierung unerlässlich.	*Zunächst werden Französischvokabeln gelernt, dann Englischvokabeln, wobei der Schüler die später gelernten englischen Vokabeln schlecht behalten kann.*
Retroaktive Hemmung	Ein gerade neu gelerntes Wissen hemmt den Abruf früher gelernten Wissens.	*Nach dem Lernen von Englischvokabeln, können die früher gelernten Französischvokabeln nicht mehr gut erinnert werden, da die Englischvokabeln den Abruf blockieren.*
Gleichzeitigkeitshemmung	Gleichzeitig aufgenommene Informationen blockieren sich beim Abruf.	*Ein Schüler lernt und sieht dabei fern und kann sich den Lernstoff dadurch nicht merken.*
Ähnlichkeitshemmung	Ähnliche Informationen werden beim Abruf miteinander verwechselt.	*Ein Schüler lernt Vokabeln nach dem Alphabet und verwechselt ähnlich klingende Worte.*
Erinnerungshemmung	Ein jetzt ins Kurzzeitgedächtnis getretener Stoff hemmt den Abruf von Wissen.	*Vor der Schulaufgabe liest sich der Schüler noch schnell den letzten Hefteintrag durch, den er gestern nicht mehr zu lesen schaffte, und weiß deshalb gelernte andere Inhalte nicht.*
Affektive Hemmung	Emotional erregende Zustände hemmen Speicherung und Abruf von Wissen.	*Der Student wird vor dem Examen von seiner Freundin verlassen und hat Schwierigkeiten, den Prüfungsstoff zu lernen und in der Klausur wiederzugeben.*

Lernprozesse beeinträchtigen können (Akademie für Lehrerfortbildung Dillingen 1999, Tab. 15).

Ebenso ist Wissen über die richtige Gestaltung von Pausen (kurze Pausen nach einer Stunde, lange Erholungspausen nach ca. zwei Lernstunden) und der Arbeitsumgebung (freundliche, motivierende, wenig ablenkende Umgebung) für den Lernerfolg unerlässlich.

Attribuierung, Motivation und Emotionen bei Lernprozessen | 5.4

Bei Lern- und Leistungsstörungen gerade im Bereich der Schule wird oft vorschnell sowohl von Lernerseite als auch von Lehrerseite auf mangelnde Intelligenz geschlossen. Dabei wird die große Rolle von Motivation, Emotionen und Attribuierungsstilen unterschätzt.

Tab. 16 **Personenfaktoren, die Lernen beeinträchtigen können**

„Unveränderliche" Personenfaktoren	Variable, „veränderliche" Personenfaktoren
Organische Störungen: ▶ Legasthenie / Lese-Rechtschreibschwäche ▶ Aufmerksamkeits-Defizit-Hyperaktivitätssyndrom ▶ Lerndefizite durch Hirnschädigungen ▶ Sprachstörungen etc.	**Motivationale und emotionale Probleme:** ▶ Mangelnde intrinsische Motivation ▶ Lern- und Prüfungsängste ▶ Externe Attribuierungsstile ▶ Geringes Fähigkeitsselbstkonzept etc.

Neben den im Umgebungsbereich liegenden Faktoren, wie mangelnder Förderung, Scheidung der Eltern, unruhiger Arbeitsumgebung etc., können folgende in der Person liegende Faktoren für Leistungsschwierigkeiten im Lernbereich verantwortlich gemacht werden. Diese treten nicht isoliert, sondern oftmals im Zusammenhang mit anderen Verursacherfaktoren auf (siehe Tab. 16).

Personenfaktoren wie Legasthenie oder das Aufmerksamkeits-Defizit-Hyperaktivitätssyndrom können im Rahmen des Lehrbuchs nicht vertieft thematisiert werden. Sie werden in Tabelle 17 lediglich kurz in ihren Hauptcharakteristika umrissen (Bednorz / Schuster 2002).

Veränderliche Personenfaktoren sind jedoch zu einem weitaus größeren Teil für Lernstörungen verantwortlich und sind sehr gut pädagogisch zu bearbeiten.

Tab. 17 **Legasthenie und das Aufmerksamkeits-Hyperaktivitätssyndrom**

Legasthenie / Lese-Rechtschreibschwäche

Definition: Unter Legasthenie versteht man eine isolierte Lese-Rechtschreibschwäche, welche in Kontrast zur sonstigen Intelligenz einer Person steht. Charakteristisch sind Buchstabenvertauschungen und Defizite in der Lautunterscheidungsfähigkeit. Als Ursachen werden Verzögerungen in der Hirnreifung und genetische Faktoren diskutiert.

Aufmerksamkeits-Defizit-Hyperaktivitätssyndrom (ADHS)

Definition: ADHS ist durch eine geringe Aufmerksamkeitsspanne, leichte Ablenkbarkeit und oftmals unüberlegtes Handeln gekennzeichnet. Als Ursachen werden eine erblich bedingte oder in der Schwangerschaft erworbene Veränderung des Frontalhirns diskutiert sowie ein stark repressives Erziehungsverhalten.

Fähigkeitsselbstkonzept und Attribuierungsstile

Fähigkeitsselbstkonzept

Unter dem Selbstkonzept versteht man die Einschätzung der eigenen Person in unterschiedlichen Bereichen, zum Beispiel hinsichtlich des Körperbildes (*„Bin ich schön?"*) oder der Leistungsfähigkeit (*„Bin ich gut in Mathematik?"*). Während der Zeit der Pubertät wird die Beschäftigung mit der eigenen Person zunehmend zentral (→ Kap. 6.2.3). Hierbei zeigt sich, dass das Fähigkeitsselbstkonzept zunehmend absinkt. In der Grundschule glauben Kinder zumeist noch, dass sie überdurchschnittliche Fähigkeiten haben, ab etwa dem 12. Lebensjahr wird dagegen zunehmend über mangelnde eigene Fähigkeiten berichtet. Dies ist eng mit dem Übertritt auf weiterführende Schulen sowie mit der eigenen Einschätzung hinsichtlich Schulart und Notenspiegel gekoppelt.

Self-fulfilling-prophecy

Leistungen wirken jedoch nicht nur auf das Selbstkonzept zurück, sondern ein niedriges Selbstkonzept kann im Sinne einer Self-fulfilling-prophecy mangelnde Leistungen bedingen. Eng mit dem Fähigkeitsselbstkonzept hängen unterschiedliche Attribuierungsstile und die Erfolgs- beziehungsweise Misserfolgsorientierung zusammen.

Attribuierungsstil

Unter Attribuierungsstil versteht man, welche Faktoren Personen für Leistungen beziehungsweise Misserfolge verantwortlich machen. Hierbei werden die beiden Dimensionen der externen versus internen beziehungsweise der stabilen versus variablen Ursachenzuschreibung bei der Leistungsattribution unterschieden. Je nach Rückmeldung der Lehrkräfte werden verschiedene Attribuierungsstile gefördert (Akademie für Lehrerfortbildung Dillingen 2004).

Leistungsmotivation

Die unterschiedlichen präferierten Attribuierungsstile gehen mit unterschiedlichen Leistungsmotivationen einher. Externe Zuschreibungen

Ursachenzuschreibungen in Leistungssituationen

Tab. 18

	Stabile Ursachen	Variable Ursachen
Interne Faktoren / Personenfaktoren	**Begabung** *„Ich hatte Erfolg, weil ich intelligent bin und mir deshalb alles leicht fällt."* *„Ich bin zu dumm dazu; ich werde das nie kapieren."*	**Anstrengung** *„Ich hatte Erfolg, weil ich mich angestrengt habe."* *„Ich bin gescheitert, weil ich zu wenig getan habe."*
Externe Faktoren / Umweltfaktoren	**Aufgabenschwierigkeit** *„Ich hatte Erfolg, weil die Aufgabe einfach war."* *„Ich bin gescheitert, weil die Themenstellung zu kompliziert war."*	**Zufall** *„Ich hatte Erfolg, weil ich einfach Glück hatte."* *„Ich hatte diesmal Pech mit der Aufgabenstellung."*

und stabile Zuschreibungen sind deshalb problematisch, weil sie dem Einzelnen suggerieren, dass er auf seinen Erfolg keinen Einfluss habe und dass dies auch stabil festgeschrieben sei.

Erlernte Hilflosigkeit

Phänomene der erlernten Hilflosigkeit sind in diesem Zusammenhang denkbar. Dies bedeutet, dass der Einzelne zwischen seinen Handlungen und den entsprechenden Ergebnissen keinerlei Zusammenhang feststellen kann. Auch Lehrkräfte bedienen sich in der Erklärung für Leistungsversagen, Erfolge etc. und in ihrer Rückmeldung an die Schülerinnen und Schüler unterschiedlicher Attribuierungen, die unterschiedliche, teilweise so genannte paradoxe Effekte auf die Schülerinnen und Schüler haben.

Beispiel

Zwei Schüler lösen eine sehr schwierige Aufgabe nicht. Einem Schüler wird von der Lehrerin rückgemeldet, dass er bei etwas mehr Anstrengung diese Aufgabe hätte lösen können, dem anderen, dass diese Aufgabe einfach zu schwierig für ihn gewesen sei. Dem ersten Schüler wird dadurch indirekt rückgemeldet, dass ihm eine hohe Intelligenz zugeordnet wird und er wird zukünftig mehr Anstrengung zeigen. Dem anderen Schüler wurde jedoch indirekt vermittelt, dass er aufgrund seiner mangelnden Fähigkeiten kaum Aufgaben dieses Schwierigkeitsgrads lösen können wird und er wird zukünftig eher resignieren.

Intrinsische und extrinsische Motivation

Intrinsische Motivation

Motivationen beeinflussen entscheidend das Verhalten von Personen und sind durch Motive, das heißt die Bevorzugung bestimmter (Handlungs)ziele beeinflusst. Im Kontext des Lernens wird insbesondere die intrinsische Motivation von der extrinsischen Motivation unterschieden. Intrinsisch motivierte Personen zeigen ein bestimmtes Verhalten, weil dieses in seiner Ausführung von ihnen selbst als belohnend erlebt wird. Sie müssen nicht durch äußere Anreize belohnt werden.

Extrinsische Motivation

Verhalten, das extrinsisch motiviert ist, zeichnet sich dadurch aus, dass es entweder nur Mittel zur Erlangung einer anderen Konsequenz ist oder, dass es nur durch äußere Anreize ausgelöst oder aufrechterhalten werden kann. Bei Wegfallen der Verstärkung wird das Verhalten nicht mehr ausgeführt, da es in sich nicht als belohnend erlebt wird.

Beispiel

Ein intrinsisch motivierter Schüler beschäftigt sich mit einer Schullektüre, weil ihn die Handlung interessiert. Er wird das Buch mit Interesse auch ohne Aufforderung des Lehrers lesen. Ein extrinsisch motivierter Schüler wird das Buch widerwillig lesen, da er weiß, dass der Inhalt Gegenstand der nächsten Schulaufgabe sein wird oder weil er sonst Ärger mit der Deutschlehrerin fürchtet.

Korrumpierungseffekte

Langfristiger Lernerfolg und Lernfreude wird nur über intrinsische Motivation sichergestellt. Oftmals wird intrinsische Motivation bei Schülerinnen und Schülern durch extrinsische Anreize abgeschwächt, etwa wenn die Neugier auf eine Lektüre durch den Hinweis, dass jeder, der sie nicht liest, mit schlechten Noten oder mit Ärger rechnen muss, beeinträchtigt wird (Korrumpierungseffekt).

Lern- und Prüfungsängste

Lern- und Prüfungsängste können die Leistung von Schülerinnen und Schülern negativ beeinflussen. Bei den Ängsten in Zusammenhang mit Lern-, Leistungs- und Prüfungssituationen werden die Aufgeregtheitskomponente (emotionality) von der Sorgenkomponente (worry) unterschieden.

Aufgeregtheitskomponente

Die Aufgeregtheitskomponente, die sich durch einen physiologischen Erregungszustand, wie etwa Lampenfieber, auszeichnet, beeinträchtigt Lernen und Leistung kaum, solange nicht Zustände der Panik einen Abruf von Wissensinhalten verhindern (→ Kap. 5.1, Yerkes-Dodson-Gesetz).

Sorgenkomponente

Die Sorgenkomponente, die sich durch sorgenvolle Gedanken, Selbstzweifel, Selbstabwertungen und Gedanken an die negativen Konsequenzen von Leistungsversagen auszeichnet, vermindert den Aufbau von Wissen und den Abruf von Wissensinhalten. Dies wird über das durch die sorgenvollen Gedanken blockierte Arbeitsgedächtnis erklärt. Verhängnisvoll werden Prüfungsängste insbesondere, wenn sie beim Lerner Vermeidungsreaktionen auslösen.

Merksatz

Lernstörungen können neben externen Umgebungsfaktoren in Elternhaus und Schule auch auf Seiten des Lerners durch stabile Personenmerkmale oder auch durch mangelnde intrinsische Motivation, Lern- und Prüfungsängste, externe Attribuierungsstile oder ein geringes Fähigkeitsselbstkonzept bedingt sein.

5.5 Didaktik und Curriculum

Begriff Didaktik

Etymologisch leitet sich der Begriff Didaktik vom griechischen *didactos* (lehrbar, gelehrt) ab. Didaktik kann als die Lehre vom Lehren und Lernen oder enger gefasst als Lehre vom Unterrichten und Unterricht gefasst werden (Kron 2008). Didaktik ist eine Handlungswissenschaft, die nicht an der Diskussion theoretischer Probleme interessiert ist, sondern hauptsächlich an der Erforschung der Handlungswirklichkeit und an der Verbesserung von Lehr- und Lernprozessen in der Praxis. Sie ist nicht auf den Schulbereich allein bezogen, sondern auf alle pädagogischen Handlungsfelder, in denen Informationen vermittelt werden und Handlungsoptionen gestärkt werden (→ Kap. 7). Alle Akteure, die Lehr- und Lernprozesse initiieren, sollten sich acht Grundfragen stellen (Kron 2008, 23):

1 „*Was*? Welche Inhalte muss ich vermitteln?
2 *Wie*? Mit welchen Methoden [...] organisiere ich die Vermittlung?
3 *Wozu*? Welche Ziele verfolge ich dabei?
4 *Warum*? Welche Begründungen sind für meine Planungen und Vorhaben maßgeblich?
5 *Wem*? Wer sind meine Adressaten?
6 *Wo*? In welcher Umgebung finden die Lehr- und Lernprozesse statt?
7 *Wann*? Zu welcher Tages- oder Jahreszeit findet die Arbeit statt?
8 *Wer*? Welche Rollen nehmen die Akteure in den Lehr- und Lernprozessen ein?"

Didaktische Ebenen

Daraus ergeben sich insgesamt vier Ebenen der didaktischen Betrachtung: die intrapersonale Ebene (Beachtung der Lerngeschichte des Individuums und seines entwicklungspsychologischen Stands), die mikrosoziale Ebene (Beleuchtung der Interaktionsstrukturen und der Beziehungen in sozialen Gruppen wie Familien und Schulklassen), die institutionelle Ebene (Bildungseinrichtungen, wie Schulen oder etwa Volkshochschulen) und die makrosoziale Ebene (gesellschaftliche Dimensionen von Bildung) (Kron 2008).

Klafkis Didaktik

Die erste große didaktische Theorie nach dem zweiten Weltkrieg, die noch immer aktuell ist, wurde von Klafki in Auseinandersetzung mit dem klassischen Bildungsbegriff angesichts der Schlüsselprobleme der Menschheit formuliert (→ Kap. 4) (Klafki/Braun 2007).

Kategoriale Bildung

Der Bildungsbegriff steht im Fokus von Klafkis Theorie. Bisher war der Begriff der Bildung künstlich in den Aspekt der materialen Bildung (Vermittlung zentraler kultureller Inhalte) und der formalen Bildung (Schulung der Lernfähigkeit etc. gelöst von speziellen Inhalten) getrennt worden. Klafki führt beide Aspekte unter dem Stichwort der kategorialen Bildung wieder zusammen, das heißt Inhalte der objektiven Welt werden in subjektive Erfahrungen und Fertigkeiten des Individuums umgesetzt.

Sieben didaktische Sinndimensionen

Die Ziele einer kategorialen Bildung sind Emanzipation, Selbstverantwortung und Verantwortung in der Welt bezogen auf die Fertigkeit und die Bereitschaft des Einzelnen, sich mit der Lösung von Schlüsselproble-

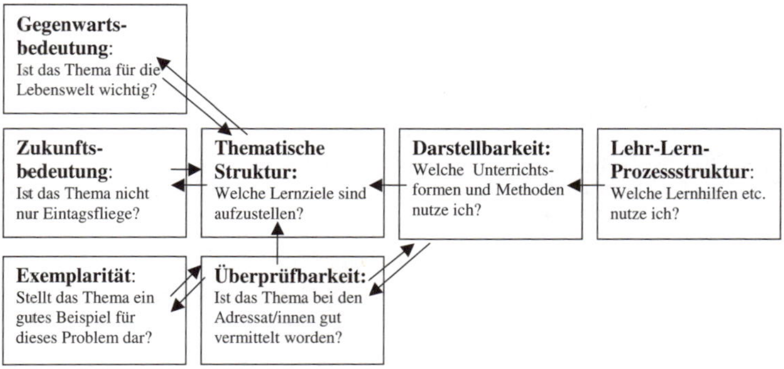

Abb. 12

Perspektivenschema zur Unterrichtsgestaltung

men der Menschheit auseinanderzusetzen, wie etwa mit Friedensfragen, ökologischem Bewusstsein oder der Lösung von sozialen Ungleichheitsfragen. Daraus leitet Klafki insgesamt sieben Sinn-Dimensionen einer zukunftsorientierten Bildung ab: die pragmatische Dimension, die Sinn-Dimension der modernen Welt, die ästhetische Bildungsdimension, die Dimension der Menschheitsthemen, die Dimension der ethischen Erziehung, die Sinn-Dimension und die Bewegungskomponente.

Die wichtigsten Unterrichtsformen

Tab. 19

	Frontalunterricht	Gruppenarbeit / Partnerarbeit	Einzelarbeit
Beschreibung	– lehrerzentriert – meist sprachgestützt – thematisch gerichtet	Arbeit in der Gruppe an Materialien, Texten etc., anschließend Vorstellung der Ergebnisse im Plenum	Stillarbeit des Einzelnen mit Materialien (Texten, PC: programmierter Unterricht)
Vorteile	– auch für Großgruppen geeignet – rationelle Unterrichtsform	– entdeckendes Lernen – Selbstständigkeit – soziales Lernen – eigenes Gruppenlerntempo	– entdeckendes Lernen – Selbstständigkeit – eigenes Lerntempo und Lerngestaltung
Nachteile	– rein rezeptives Lernen – kaum soziales Lernen – kaum Individualisierung, Nivellierung auf gleichem Lernniveau und Lerntempo	– Gefahr, dass einige arbeiten, andere sich ausklinken – Problem der Benotung von Gruppenleistungen	– kaum soziales Lernen – korrigierende Anleitung durch die Lehrkraft fehlt
Einsatzgebiete	– Einstieg ins Thema – Input von Fakten	– für die breite Erarbeitung eines Themas geeignet (z. B. Textanalysen, Experimente, Postergestaltung)	– vertiefende Erarbeitung eines Themas und Überleitung zur Hausaufgabe, die ebenfalls die Fortsetzung der Stillarbeit ist

Sieben didaktische Grundformen

Entsprechend der Wichtigkeit der ethischen und persönlichkeitsbildenden Dimension von Didaktik wird der Lernstoff, der früher oftmals Selbstzweck war, auf sieben didaktische Grundformen reduziert, anhand derer Wissen didaktisch vermittelt werden soll: das Fundamentale, das Exemplarische, das Typische, das Klassische, das Repräsentative, die einfache Zweckform und die einfache ästhetische Form. (Klafki 2007).

Unterrichtsplanung

Anhand dieser didaktischen Maximen leitet Klafki ein konkretes Schema zur didaktischen Unterrichtsvorbereitung ab, das Perspektivenschema zur Unterrichtsgestaltung (siehe Abb. 12).

Unterrichtsformen

In einem Grobüberblick werden in Tabelle 19 die wichtigsten Unterrichtsformen vorgestellt (Akademie für Lehrerfortbildung und Personalführung Dillingen 1999). Zu den wichtigsten Unterrichtsformen zählen Frontalunterricht, Gruppenarbeit, Partnerarbeit und Einzelarbeit.

Merksatz

Die Didaktik als Handlungswissenschaft und Lehre vom Lehren und Lernen erforscht die Handlungswirklichkeit und will Lehr- und Lernprozesse in der Praxis verbessern.

5.6 | Leistungsfeststellung und Leistungsmessung

Gegenstand des pädagogischen Settings ist oftmals nicht nur die didaktische Vermittlung von Informationen und Erfahrungen, sondern auch die Messung des Lernfortschritts.

Funktion der Leistungserhebung

Die Diskussion darüber, auf welche Art Leistungen erfasst werden beziehungsweise welche Funktionen Leistungsfeststellungen haben, ist ideologisch sehr stark aufgeladen. Ähnlich wie bei den Aufgaben der Schule (→ Kap. 4.3), hat die Leistungsbewertung zum einen eine gesellschaftliche Funktion, nämlich der Selektion und Platzierung von Personen im gesellschaftlichen Gefüge nach ihren Kompetenzen. Zum zweiten hat sie eine pädagogische, informatorische Funktion, nämlich Rückmeldung über den Lernfortschritt zu bieten und gegebenenfalls Gegenmaßnahmen einzuleiten, wenn der Lernfortschritt nicht gesichert ist.

Arten der Leistungserhebung

Leistungsfeststellungen können schriftlich (Klausuren, Tests ...) oder mündlich („Abfragen“, Unterrichtsbeiträge ...) erfolgen. Wichtig ist eine dynamische Betrachtung des Lernfortschritts, der sich nicht nur am Lernergebnis orientiert (*„Der Weg ist das Ziel“*).

Bezugsnorm

Bei der Betrachtung des Lernfortschritts werden unterschiedliche Bezugsnormen angesetzt: eine individuelle Bezugsnorm, eine soziale Bezugsnorm oder eine kriterienorientierte Bezugsnorm. Bei der individuellen Bezugsnorm werden die Ergebnisse des Schülers oder der Schülerin mit früheren Ergebnissen verglichen, um Fortschritte oder Rückschritte zu dokumentieren. Bei der sozialen Bezugsnorm werden die Leistungen eines Einzelnen mit der Bezugsgruppe verglichen, etwa mit der Schulklasse oder mit den Ergebnissen der Jahrgangsstufe. Hier wird über alle Leistungen der Bezugsnorm hinweg die Gauß'sche Normalverteilung angesetzt. Bei der kriterienorientierten Bezugsnorm wird das Ergebnis des Schülers oder der Schülerin mit einem vorher festgelegten Leistungsstand verglichen, der mindestens erreicht werden muss, um das Lernziel zu erreichen. Die Pädagogik kritisiert an der sozialen Bezugsnorm, die oftmals in Schulen favorisiert wird, dass sie sehr von der „Stärke" der Klasse abhängig ist, dass individuelle Fortschritte schlecht dokumentiert werden und die Schülerschaft in Konkurrenz zueinander tritt.

Kritik an der Leistungsbewertung

Neben der Fragestellung der Bezugsnorm ergeben sich weitere Probleme bei der Leistungsbewertung, da diese von sozialen Stereotypien, Vorurteilen, Sympathien, aber auch Reihungseffekten abhängig ist. In Experimenten zeigte sich, dass etwa attraktive, angepasste, sozial kompetente und aus finanziell gut gestellten Elternhäusern kommende Kinder bei gleicher Leistung besser beurteilt wurden. Zudem werden Leistungen, etwa Klausuren, die nach sehr guten Arbeiten oder ganz zu Beginn korrigiert werden, strenger bewertet (Akademie für Lehrerfortbildung und Personalführung Dillingen 1999).

Merksatz

Leistungsfeststellungen dienen gesellschaftlichen und pädagogisch-informatorischen Funktionen, erfolgen schriftlich oder mündlich und orientieren sich an der individuellen, sozialen oder kriterienorientierten Bezugsnorm.

Zusammenfassung

Im Rahmen des Kapitels 5 wird der Begriff des Lernens anhand klassischer und aktueller Theorien dargestellt. Es wäre jedoch verfehlt, die behavioristischen Lerntheorien vorschnell als veraltet und nur noch historisch interessant zu bezeichnen. Die klassischen behavioristischen Lerntheorien, die Theorie des Modelllernens und die kognitiven Lerntheorien schließen sich nicht gegenseitig aus, sondern ergänzen sich. Während behavioristische Lerntheorien eher unbewusste und emotionale Lernprozesse und das Modelllernen insbesondere soziale Lernprozesse erklären können, geben kognitive Lerntheorien eher Aufschluss über bewusst intendierte Lernprozesse im Sinne von Informationsverarbeitung, wie etwa im Rahmen der Schule. Lernen ist jedoch mehr als die neurologische und kognitive Verarbeitung und Speicherung von Wissensinhalten. Nichtkognitiven Aspekten, wie der Attribuierung, dem Fähigkeitsselbstkonzept, der Motivation und den Emotionen, kommen im Lernprozess wichtige Rollen zu. Lernprozesse können in verschiedenen pädagogischen Settings durch didaktische Konzepte angestoßen und vertieft werden. Leistungsfeststellungen dienen gesellschaftlichen und pädagogisch-informatorischen Funktionen, erfolgen schriftlich oder mündlich und orientieren sich an der individuellen, sozialen oder kriterienorientierten Bezugsnorm.

Übungsaufgaben

1 Zeigen Sie anhand des Erlernens von sozialen Ängsten, dass Lernen mehr ist als schulischer Wissenserwerb!
2 Schildern Sie anhand eines fiktiven Beispiels, welche verschiedenen Phasen beim sozialen Modelllernen in einer Schulklasse greifen!
3 Erklären Sie, welche prinzipiellen Lernstrategien man bei der Erarbeitung eines komplexen Sachtextes anwenden könnte!
4 Schildern Sie, welche verschiedenen Personenfaktoren mangelnde Lern- und Leistungsfähigkeit in der Schule bedingen können!
5 Welche Rückmeldestrategien würden Sie Lehrkräften empfehlen, um maximale Leistungsmotivierung bei den Schülerinnen und Schülern zu generieren?

Die Antworten finden Sie unter www.reinhardt-verlag.de.

Kinder und Jugendliche als Adressaten von Erziehung und Bildung | 6

Überblick

Im Rahmen dieses Kapitels wird ein genauerer Blick auf die Adressaten von Erziehung und Bildung geworfen. Auch wenn sich Pädagogik in zunehmendem Maße als Pädagogik für alle Lebensalter versteht (→ Kap. 7), richten die Forschung und die meisten in der Praxis beschäftigten Pädagogen und Lehrkräfte dennoch ihren Blick vor allem auf Kinder und Jugendliche. Das Kapitel stellt die hauptsächlichen psychologisch-pädagogischen Theorien zur Entwicklung von Kognition, Bindung, Identität und Moral in Kindheit und Jugend vor und zeichnet ein aktuelles Bild der jungen Generation in Deutschland in den Bereichen Bildungsbeteiligung, Zukunftswünsche und -ängste, Religiosität, Wertvorstellungen, Engagement und Gesundheitsverhalten. Hier wird deutlich, dass das Leben von Kindern und Jugendlichen dabei stark von sozioökonomischen und kulturellen Variablen abhängig ist.

Strukturell-gesellschaftliche Bedingungen der Kindheit und Jugend in Deutschland | 6.1

Demographie

Kindheit und Jugend ist heute in Deutschland und weltweit von gewaltigen demographischen Veränderungen geprägt. In allen Industrienationen und Entwicklungsländern vollzieht sich eine demographische Entwicklung, bei der der Anteil der Kinder in der Gesellschaft abnimmt. Schätzungen gehen davon aus, dass der Anteil der Kinder und Jugendlichen bis zum Jahr 2040 in Deutschland um 38 % bezogen auf die Gesamtpopulation zurückgehen wird. Im gleichen Zeitraum wird der Anteil der älteren Menschen zwischen 65 und 80 Jahren um 55 % steigen (Statistisches Bundesamt 2005).

Kinderarmut

Die Gesellschaft ist in sozioökonomischer Hinsicht von Prozessen der Polarisierung geprägt. Mittlerweile gilt jedes 6. Kind in Deutschland als arm. Von Armut sind insbesondere Kinder von Alleinerziehenden betroffen oder Kinder von Eltern, die nicht in den Erwerbsprozess eingebunden sind (Bertram 2008).

Migration

Die Gesellschaft in Deutschland ist zunehmend multikulturell geprägt. Etwa ein Viertel der jungen Menschen haben einen Migrationshintergrund, das heißt sie haben ausländische Staatsangehörigkeit, sind nach Deutschland eingewandert oder haben mindestens einen im Ausland geborenen Elternteil.

Verinselung

Hinzu tritt das Phänomen der Verinselung von Kinderwelten. Angesichts der zunehmenden Verstädterung und der Tatsache, dass immer mehr Kinder im Vergleich zu früher als Einzelkinder heranwachsen, nehmen spontane, unstrukturierte Begegnungen für Spiel und Freizeit zunehmend ab. Vor allem in Großstädten brauchen Kinder in wachsendem Maße Institutionen wie Horte, aber auch Vereine und organisierte Gruppen, um gemeinsam mit anderen Kindern zusammenzutreffen. Zunehmend mehr Zeit wird mit Medien wie Fernseher und Computer verbracht. Kinder brauchen jedoch Anregungen aus der Umwelt, insbesondere durch Mitmenschen, um sich in kognitiver und emotionaler Hinsicht gesund zu entwickeln und um eine eigene Identität und Wertvorstellungen aufzubauen.

Merksatz

Kindheit und Jugend werden zunehmend von einer Verinselung aufgrund der demographischen Veränderungen (Abnahme der Anzahl junger Menschen) geprägt sowie von Einzelkindertum, Verstädterung und der zunehmenden Beschäftigung mit Fernseher und Computer.

Kapitel 6.2 gibt einen Überblick über die wichtigsten entwicklungspsychologischen Theorien in den Bereichen der kognitiv-geistigen Entwicklung, der Entwicklung des Bindungs- und Sozialverhaltens, der Entwicklung der Identität sowie der Moral.

6.2 | Ein Überblick über die Entwicklung von Kindern und Jugendlichen

Im Rahmen dieses Überblicks soll ein kurzer Blick auf die bekanntesten Theorien der Entwicklungspsychologie geworfen werden. Es kann dabei für die kognitiv-geistige Entwicklung, die Entwicklung von Bindung,

Identität und Moral nur jeweils die hauptsächliche Entwicklungstheorie dargestellt werden.

Definition

Die **Entwicklungspsychologie** befasst sich mit der Beschreibung, Erklärung und Beeinflussung von Veränderungen des Menschens von der ersten Entwicklung noch im Mutterleib bis zum Tod. Dabei werden auch die Differenzen der Entwicklungen verschiedener Individuen betrachtet.

Weiterführende Literatur

Petermann, F. (2008): Angewandte Entwicklungspsychologie. Hogrefe, Göttingen

Hasselhorn, M. (2007): Handbuch der Entwicklungspsychologie. Hogrefe, Göttingen

Oerter, R., Montada, L. (2002): Entwicklungspsychologie. Ein Lehrbuch. 5. Aufl. Beltz, Weinheim

Speziell für angehende Lehrkräfte empfehle ich:

Tücke, M. (2007): Entwicklungspsychologie des Kindes- und Jugendalters für (zukünftige) Lehrer. 3. erw. Aufl. LIT, Münster

Sehr gute Materialien im Internet bietet Prof. Stangl von der Universität Linz:

Stangl, W. (2008): Arbeitsblätter Psychologie. http://www.stangl-taller.at/ARBEITSBLAETTER/

Entwicklung der kognitiven Vorstellungswelt

6.2.1

Eine der bekanntesten Theorien der geistigen Entwicklung ist der kognitive Ansatz nach Jean Piaget. Dieser Ansatz ist als konstruktivistisch anzusehen.

Definition

Der Mensch wird im **Konstruktivismus**, anders als in der klassischen behavioristischen Lerntheorie und der biologistischen Theorie als aktiver Gestalter seiner Entwicklung angesehen. Er besitzt die Möglichkeit der Selbstreflektion und reagiert weder mechanisch auf Reize, noch ist er allein durch biologische Reifung bestimmt. Er setzt sich selbst Ziele und gestaltet seine Entwicklung mit.

Grundbegriffe der kognitiven Entwicklungstheorie nach Jean Piaget

Piaget geht in seiner Theorie davon aus, dass es qualitative Unterschiede im Denken zwischen Kindern und Erwachsenen gibt. Entwicklung ist somit nicht nur Wissenszunahme in quantitativer Hinsicht. Hier stellt sich Piaget gegen die Annahmen, dass es keine strukturellen Unterschiede zwischen Kindern und Erwachsenen gäbe und dass jeder alles lernen könne.

Äquilibration

Werden neue Aspekte gelernt, so werden diese nicht einfach in das Denken übernommen, sondern es wird ein Modell der Wirklichkeit konstruiert, das in Auseinandersetzung mit der Umwelt gebildet wird. Das Ziel ist stets, ein Gleichgewicht zwischen der Umwelt und dem kognitiven Modell der Wirklichkeit herzustellen. Dies wird als Äquilibration bezeichnet. Diese wird entweder über die Assimilation hergestellt, das heißt, dass die Umwelt vom Individuum so als Erfahrung umgesetzt wird, dass sie in sein Schema integriert werden kann, oder durch Akkommodation, das heißt über eine Veränderung der eigenen Denkstrukturen, um sie mit den Erfahrungen mit der Umwelt kompatibel zu machen.

Schemabegriff

Die kognitiven Vorstellungseinheiten des Modells der Wirklichkeit werden nach Piaget als Schemata bezeichnet. Es gibt Schemata verschiedener Ebenen. So existieren etwa Begriffsschemata oder Handlungsschemata. Das Begriffsschema einer Blume beinhaltet beispielsweise zunächst den Prototyp einer Blume, bevor in Auseinandersetzung mit der Umwelt dieses Schema differenzierter dargestellt wird. Ähnlich zeigen sich Differenzierungen bei Handlungsschemata, etwa beim Schema des Restaurantbesuchs. Das Schema „Betreten des Restaurants – Platzwahl – Bestellung – Essen wird gebracht – Essen wird verzehrt – Bezahlung“ wird beispielsweise durch Erfahrungen in Selbstbedienungsrestaurants wesentlich modifiziert und verfeinert. Schemata sind nicht nur durch Erfahrung erworben, sondern können auch genetisch verankert sein, wie etwa reflexhafte Verhaltensweisen. Denken wird von Piaget als verinnerlichte Handlung verstanden.

Entwicklungsstufen

Die Entwicklung der Strukturen menschlichen Denkens durchläuft vier kognitive Stufen, die unumkehrbar sind und aufeinander aufbauen. Um zu einer höheren Stufe zu gelangen, müssen zunächst also die niedrigeren Stufen erreicht werden. Lernerfahrungen können die Entwicklung zwar beschleunigen oder verlangsamen, aber nicht die Abfolge ändern.

Denkfehler

Die Zuordnung der Kinder zu den verschiedenen Stufen nahm Piaget vor, indem er in Beobachtungen und Interviews typische Denkfehler der Kinder untersuchte. Die Denkfehler sind jeweils für eine Stufe charakteristisch. Wenn die Fehler nicht mehr im Denk- und Handlungsrepertoire einer Person auftauchen, hat diese eine höhere kognitive Stufe erreicht.

Die kognitiven Entwicklungsstufen nach Jean Piaget

Stufe der sensumotorischen Intelligenz

Auf der Stufe der sensumotorischen Intelligenz (bis etwa zwei Jahre) werden vom Kind zunächst die angeborenen Verhaltensschemata, wie etwa Greifen, weiter differenziert und auf neue Handlungssituationen angewendet. Denkakte im Sinne Piagets, der Denken als innerliches Handeln auffasst, ist auf dieser Stufe noch nicht in letzter Konsequenz vorhanden, da dafür innerliche Repräsentationen von Objekten und

Handlungsabläufen vorhanden sein müssten. Entsprechend zeigen sich Denkfehler, welche auf diese mangelnde innere Repräsentanz hinweisen. Sie kennzeichnen diese Entwicklungsstufe und sind auf der nächsten Stufe überwunden:

- *Mangelnde Objektpermanenz*: Objekte sind für Kinder auf der Stufe der sensumotorischen Intelligenz nur existent, solange sie diese sehen. Die Objekte besitzen also noch keine eigentliche innere Repräsentation.
- *Mangelndes Nachahmungsverhalten*: Auch Nachahmungsverhalten würde auf eine innere Repräsentation einer Handlung hinweisen.
- *Mangelnde Symbolhandlungen*: Auch Symbolhandlungen (z. B. wenn das Kind „Schlafen" spielt) würden anzeigen, dass eine innere Repräsentation aufgebaut wurde.

Beispiel

Versuch zur Feststellung der mangelnden Objektpermanenz: Versteckt man ein vorher sichtbares Spielzeug vor den Augen des Kindes, scheint dieses seine Existenz zu verlieren. Erst auf einer höheren Stufe beginnen Kinder aktiv nach diesem Gegenstand zu suchen, da sie erst jetzt das Suchziel innerlich repräsentiert haben.

Stufe des voroperatorischen, anschaulichen Denkens

Auf der Stufe des voroperatorischen, anschaulichen Denkens (etwa 2 bis 4 Jahre) lässt sich eindeutig Denken im Sinne verinnerlichten Handelns nachweisen. Objekte und Handlungen sind gelöst von Gegenständen und Situationen innerlich repräsentiert. Das Kind kann mit Symbolen, wie etwa der Sprache, Objekte und Handlungen benennen. Dennoch ist das kindliche Denken in starkem Maße an Anschauung gebunden. Dies zeigt sich in Fehlern, die auf unangemessene Generalisierungen auf wenige Schemata und einseitige Konzentration auf wenige Dimensionen beruhen:

- Der *Egozentrismus* des Kindes, also seine Unfähigkeit, sich in die Rolle eines anderen hineinzuversetzen, den Blickwinkel eines anderen einzunehmen.
- *Unangemessene Generalisierungen* von bereits begriffenen Schemata auf neue Gegenstände, z. B. *Animistische Deutungen*: Fälschliche Übertragung des Schemas des Lebens auf unbelebte Gegenstände (Beispiel: Beobachtung eines Kindes, das Steinchen im Garten pflanzte, um Felsen wie im Altmühltal wachsen zu lassen), *finalistische Deutungen*: Fälschliche Übertragung des Schemas des zweckvollen Tuns auf unbelebte Gegenstände

(Beispiel: Ein Kind sagt, dass Bäume wachsen, weil sie uns Holz geben wollen) und *artifizialistische Deutungen*: Fälschliche Übertragung des Schemas des Herstellens auf unbelebte Gegenstände (Beispiel: Ein Kind fragt, ob sehr starke Leute die Felsen in das Altmühltal getragen haben).

- Die *Mangelnde Möglichkeit der Dezentrierung* beschreibt die Zentrierung auf einen Aspekt, da die Speicherkapazität des Kindes noch zu gering ist, als dass es mehrere Aspekte gleichzeitig betrachten könnte.
- *Mangelnde Möglichkeiten der Klassen- und Kategorienbildung*: Das Kind begreift nicht, dass Objekte mehreren Ober- und Untergruppen zugeordnet werden können, das zum Beispiel der Dackel sowohl der Obergruppe Säugetier als auch der Untergruppe Hund zugeordnet werden kann.
- *Mangelnde Möglichkeiten der Seriationen:* Das Kind ist nicht fähig, die Ordnung nach einer Dimension (z. B. Länge) vorzunehmen.

Beispiel

Versuch zur Feststellung des kindlichen Egozentrismus: Die Kinder sehen zu, während man eine Teedose, die als solche erkennbar ist, mit Büroklammern füllt. Stellt man ihnen die Frage, was ein Kind, das nicht anwesend ist, wohl denken würde, was die Schachtel enthält, antworten die Kinder „Büroklammern“ und nicht „Tee“.

Stufe des konkret-operativen Denkens

Auf der Stufe des konkret-operativen Denkens (5 bis etwa 12 Jahre) sind die Operationen weiterhin an anschaulich erfahrbare Inhalte gebunden (konkrete Operationen), jedoch können nun verschiedene Aspekte eines Gegenstandes gleichzeitig erfasst werden. Ein systematisches, „wissenschaftliches“ Vorgehen bei Problemlösungen ist noch nicht möglich. Ein solches Vorgehen würde implizieren, dass Fragestellungen und Hypothesen aufgestellt werden können, dass diese systematisch überprüft werden und einzelne Variablen isoliert betrachtet werden können.

Beispiel

Versuch zur Feststellung der mangelnden Systematik beim Problemlösen: Die Pendelaufgabe

Die Kinder sehen ein Pendel, das sich durch unterschiedlich lange Pendelarme und durch unterschiedliche Gewichte auszeichnet. Gefragt ist, von welchen Faktoren die Pendelfrequenz abhängt. Kinder bis zur formal-operatorischen Phase lösen die Aufgabe nicht systematisch, sondern probieren verschiedene Lösungen aus. Erst Kinder auf der formal-operatorischen Phase kombinieren systematisch und variieren Pendellänge und Gewichte.

Stufe des formal-operatorischen Denkens

Auf der Stufe des formal-operatorischen Denkens (ab etwa 12 Jahren) ist das Denken von konkreten und realen Vorstellungen gelöst, so dass auch ein Denken in Möglichkeiten oder in idealen Zuständen möglich ist. Dabei ist auch metakognitives Denken möglich, also Denken über das Denken, sowie probabilistisches Denken, also Denken in Wahrscheinlichkeiten. Jugendliche auf dieser Stufe zeigen zunehmend Interesse an abstrakten und theoretischen Fragen (Oerter/Montada 2002; Stangl 2008).

Merksatz

Kindliches Denken als Konstruktion eines Modells der Wirklichkeit entwickelt sich nach Piaget in qualitativ voneinander abgegrenzten Stufen (sensumotorisches, voroperatorisches, konkret-operatives, formal-operatorisches Denken) in Auseinandersetzung mit der materialen und sozialen Welt mit dem Ziel, in größtmöglichem Gleichgewicht mit der umgebenden Welt zu stehen (Äquilibration).

Entwicklung von Bindung und Sozialverhalten | 6.2.2

Definition

Bindung ist die Bezeichnung für eine enge emotionale und soziale Beziehung zwischen Menschen, die insbesondere in den ersten Lebensjahren zwischen dem Kind und der Pflegeperson entsteht. Die Bindung steht mit der weiteren kognitiven und sozialen Entwicklung in engem Zusammenhang.

Bindungsverhalten

Das Bindungsverhalten auf Seiten des Säuglings umfasst als Signale an die Pflegeperson die Reflexe, wie etwa das Saugen und das Anklammern, die Aufnahme von Augenkontakt und Lächeln, sowie verbale Signale wie Weinen und Schreien. Hinzu tritt das Kindchenschema, zu dem etwa runde Augen, eine Stupsnase, Pausbacken, ein zurückgezogenes Kinn und eine hohe, gewölbte Stirn gehören und das als Schlüsselreiz Fürsorgeverhalten auslöst.

Fürsorgeverhalten

Das Fürsorgeverhalten bei der Pflegeperson hat die Funktion, dem Kind Sicherheit zu bieten. Es umfasst das Aufnehmen, das Tragen, Streicheln und Stillen beziehungsweise Füttern des Kindes. Die Pflegeperson ist unabdingbar als Garant von (kognitiver) Stimulation und ist auch sozial-emotionale Bezugsgröße.

Hospitalismus

In Feldbeobachtungen in Kinderheimen der 1940er und 1950er Jahre und noch heute in Kinderheimen in Entwicklungsländern zeigen sich die Auswirkungen fehlender Bindung im Sinne eines Hospitalismus: Kinder, die zu wenig Zuwendung erhalten, zeigen trotz ausreichender Nahrung und Wärme Verzögerungen in der kognitiven, motorischen und emotionalen Entwicklung. Depressive Symptome (stereotype Bewegungen, Apathie, kaum emotionale Reaktionen) und ein gestörtes Sozialverhalten sind möglich.

Bindungstypen und ihr Zusammenhang mit Verhalten und Erleben

Zentral für den Aufbau einer sicheren Bindung an die Pflegeperson als emotionale Bezugsgröße ist, dass das Verhalten der Pflegeperson für das Kind vorhersagbar ist. Die Pflegeperson muss einfühlsam auf die Bindungsangebote des Kindes (Schreien, Lächeln etc.) reagieren und auch Phasen akzeptieren, in welchen das Kind Ruhe wünscht. Problematisch für den Aufbau von Bindung ist eine Überstimulation, wobei die Pflegeperson hier die Ruhephasen missachtet und eine Unterstimulation, bei der die Angebote des Kindes nach Nähe nicht beachtet werden. Ferner ist ein Verhalten problematisch, das zwischen herzlicher Zuwendung und Zurückweisung schwankt und somit für das Kind nicht vorhersagbar ist. Die Wahrscheinlichkeit eines wenig einfühlsamen Verhaltens der Pflegeperson kann durch bestimmte persönliche, aber auch strukturelle Faktoren erhöht sein. Der Bindungsaufbau gestaltet sich für Eltern schwieriger, wenn das Kind wenig eindeutige Signale aussendet, wie etwa bei Frühgeborenen. Pflegepersonen, welche mit ihrer eigenen Person oder Bindungsgeschichte Schwierigkeiten haben, wie etwa depressive Mütter, oder Personen, die selbst als Kinder zurückweisendes Verhalten erlebten, können auf die Signale des Kindes ebenfalls weniger einfühlsam eingehen. Problematische Bindungserlebnisse werden aber auch durch strukturelle und finanzielle Probleme in den Familien begünstigt, wie Probleme zwischen den Partnern, sowie Situationen, die Ressourcen der Eltern binden, wie Überforderung durch eine starke Einbindung in den Beruf oder eine starke Okkupierung durch weitere Kinder oder pflegebedürftige Personen. Bei all diesen Problemen sollte den Eltern Hilfestellung durch Pädagoginnen und Pädagogen gewährt werden.

Messen von Bindung

Um zu erfassen, ob Kinder sicher oder unsicher an die Pflegeperson gebunden sind, konstruierte Ainsworth den *Fremde-Situationen-Test* (Ainsworth/Bell/Stayton 1974; Ainsworth/Blehar/Waters/Wall 1978)

Im Rahmen dieses Tests wird das Kind für kurze Zeit von der Mutter beziehungsweise Pflegeperson getrennt. Eine fremde Person versucht, das Kind zu beruhigen. Danach tritt die Mutter wieder in den Raum. Die beiden Zeitpunkte, an denen das Verhalten des Kindes für die Bewertung des Bindungstyps beobachtet wird, sind der Moment der Trennung und der Moment der Wiedervereinigung mit der Pflegeperson. Je nachdem welche Reaktion das Kind zeigt, wird es als sicher an die Pflegeperson gebunden (Kinder Typ B) oder als unsicher gebunden eingestuft (Kinder Typ A oder Typ C).

Bindungstypen

Die Bindungstypen sind über Kindheit und Jugendzeit hinweg erstaunlich stabil und stehen mit vielfältigen sozialen und emotionalen Komponenten in Zusammenhang. Kinder des *B-Typs (sicher gebundener Typ)* zeigen, wenn sie von der Mutter verlassen werden, deutliche Anzeichen von Kummer und lassen sich auch von Fremden nicht beruhigen. Die Mutter wird bei Wiedereintritt freudvoll begrüßt und die Kinder lassen sich schnell beruhigen. Dieser Bindungstyp ist ideal für die spätere Entwicklung: Die Kinder zeigen ein gutes Sozialverhalten, sie sind neugierig (Explorationsverhalten) und selbstbewusst, da ihnen die Pflegeperson Sicherheit bietet. Sie entwickeln stabilere Wertesysteme, da sie sich ohne die Angst der Zurückweisung kritischer mit Wertemustern auseinandersetzen können. *A-Kinder (unsicher vermeidender Typ)* zeigen kaum Kummer über das Weggehen der Mutter und lassen sich auch von Fremden trösten. Bei der Rückkehr der Mutter wird diese ignoriert. Das Kind präsentiert sich als selbstständig und unabhängig, ist jedoch innerlich emotional aufgelöst, was sich etwa in einer erhöhten Herzrate beim Alleinsein zeigt. Dieses Verhalten führt auch zu einem problematischen Sozialverhalten in der Gruppe von Gleichaltrigen. *C-Kinder (unsicher ambivalenter Typ)* gehen ambivalent mit der Trennungs- und Wiedersehenssituation um. Sie suchen bei der Wiederkehr Kontakt, sind aber gleichzeitig emotional aufgelöst und zeigen aggressives Verhalten gegenüber der Mutter. Auch bei diesen Kindern ist die geistige und soziale Entwicklung negativ beeinträchtigt. Da man bei einigen der Kinder zusätzlich bizarres Verhalten wie etwa Grimassieren feststellte, wurde die *Zusatzkategorie D* eingeführt (desorientierter Typ), die bei allen Bindungstypen zusätzlich vorkommen kann (Typ BD, AD oder CD), am häufigsten jedoch bei unsicher gebundenen Kindern.

Phasen der Bindungsentwicklung

Die Bindungsentwicklung von Seiten des Säuglings verläuft nach Bowlby in vier Phasen:

Bindungsverlauf

In einer *Vorphase (bis etwa 3. Monat)* geht das Kind noch keine spezielle Bindung ein, sondern ist wegen seiner Verletzlichkeit und seiner absoluten Abhängigkeit von Mitmenschen allgemein auf jeden hin freundlich orientiert. In der *Phase der personunterscheidenden Ansprechbarkeit (ab 3 Monaten)* wendet sich das Kind in seinem sozialen Verhaltensrepertoire nun verstärkt einer Person zu. Erst in der *Phase der eigentlichen Bindung (ab*

Merksatz

Der Aufbau von Bindung ist ein bidirektionaler Prozess (Bindungsverhalten und Fürsorgeverhalten), der in Phasen verläuft und in Abhängigkeit von der Vorhersagbarkeit und der Sensitivität der Pflegeperson in unterschiedlichen Bindungstypen (sicher gebundener Typ, unsicher vermeidender Typ, unsicher ambivalenter Typ) mündet, die mit der weiteren Entwicklung in kognitiver, emotionaler und sozialer Hinsicht in Zusammenhang stehen.

7 Monaten) geht das Kind die erste spezifische Bindung ein. Diese erste Bindung muss nicht auf die biologische Mutter bezogen sein. Kinder können auch an mehrere Personen gebunden sein. Hier sind auch bereichsspezifische Bindungen möglich, etwa die Versorgungsbindung an die Mutter und eine Spielbindung an den Vater, wenn sich die Partnerschaft der Eltern eher durch die „klassische" Rollenverteilung auszeichnet. Eine *reziproke Bindung (ab 2 Jahren)* zeichnet sich durch eine zunehmende Autonomie des Kindes aus, das sein Verhalten in seinen Konsequenzen auf die Pflegeperson nun zunehmend einzuschätzen lernt (Bowlby 2005; 2006; 2008).

6.2.3 | Entwicklung der Identität

Definition

Identität bezieht sich im allgemeinen Sinn auf die einzigartige Kombination von persönlichen Charakteristika des Individuums, durch welche es von anderen Personen unterschieden werden kann.

Selbst und Selbstkonzept

Die Entfaltung einer persönlichen Identität erlangt insbesondere im Jugendalter hohe Aktualität. In der Jugendzeit sind die kognitiven Voraussetzungen für eine Beschäftigung mit den Fragen, wer man ist (*Realselbst*) und wer man sein möchte (*Idealselbst*) gegeben. Vorgaben von Autoritäten werden hinterfragt und berufliche und private Lebensentwürfe gezeichnet. Im Rahmen der Identitätsbildung ist das *Selbstwertgefühl* (emotionale Komponente) von den *Selbstkonzepten* (kognitive Komponente) zu unterscheiden. Ein Jugendlicher kann also überzeugt sein, dass er über viele Fähigkeiten verfügt und in seinem Freundeskreis beliebt ist (Fähigkeitsselbstkonzept und soziales Selbstkonzept), aber dennoch bezüglich seiner Gefühle im Umgang mit anderen oder in Prüfungssituationen in seinem Selbstwert verunsichert und gehemmt sein.

Entwicklungsaufgaben

Die Identitätsentwicklung ist gemäß Erik Erikson (Erikson 1976) ein lebenslanger Prozess, der in acht Stufen verläuft. In jeder Stufe stellt sich eine ganz bestimmte Entwicklungsaufgabe. Erst wenn diese Aufgabe gelöst ist, können Entwicklungsaufgaben höherer Stufen bearbeitet werden.

1 Aufbau von *(Ur)vertrauen* (bei Scheitern: Misstrauen) (1. Lebensjahr)
2 Entwicklung von *Eigenständigkeit* und Grundautonomie (bei Scheitern: Zweifel an den eigenen Fähigkeiten) (Kleinkindzeit ab dem 2. Lebensjahr)
3 Ausleben persönlicher *Initiative* und Erfahren von Gewissen (bei Scheitern: Fehlender Umgang mit den eigenen Schuldgefühlen; Resignation) (Kindergartenzeit ab dem 4. Lebensjahr)
4 Entwicklung des *Werksinns*, des Wunsches, seine kognitiven Fähigkeiten zu entfalten (bei Scheitern: Minderwertigkeitskomplexe) (Schulzeit ab dem 6. Lebensjahr)
5 Entfaltung der eigenen *Identität* und Persönlichkeit (bei Scheitern: Identitätsverwirrung) (ab dem Eintritt in die Pubertät)
6 Aufbau von partnerschaftlichem, solidarischem Zusammenleben und *Intimität* (bei Scheitern: Soziale Isolierung) (junges Erwachsenenalter etwa ab dem 20. Lebensjahr)
7 *Generativität*, das heißt Weitergabe von Werten und Lebenskonzepten an die nächste Generation, zum Beispiel durch Erziehung von Kindern oder Engagement für die Gesellschaft (bei Scheitern: Selbstausschluss aus der schaffenden Gemeinschaft) (späteres Erwachsenenalter etwa ab dem 45. Lebensjahr)
8 *Integrität*, das heißt volle Akzeptanz des bisherigen Lebens (bei Scheitern: Verzweiflung angesichts der Sinnlosigkeit des eigenen Lebens) (spätes Erwachsenenalter etwa ab dem 65. Lebensjahr)

Identitätszustände

Marcia (1993) befasst sich näher mit der Entwicklung der Identität in unterschiedlichen Bereichen, zum Beispiel im Bereich der religiösen, der politischen und der beruflichen Identität. Er unterscheidet insgesamt vier Identitätszustände. Ist in einem Bereich ein bestimmter Zustand erreicht, muss dies nicht zwangsläufig in anderen Bereichen der Fall sein. Eine Person kann etwa in ihren religiösen Ansichten bereits sehr stark gefestigt sein, aber sich im Bereich der beruflichen Identität noch auf der Suche befinden.

diffuse Identität

Personen auf der Stufe der diffusen Identität haben für sich in diesem Bereich keine eigenständigen Ansichten und Haltungen erarbeitet. Nach Verbindlichkeit in diesem Bereich wird auch nicht aktiv gesucht. Angesichts der Globalisierung und der Pluralisierung der Lebensverhältnisse, welche teilweise eine Unverbindlichkeit als adäquate geistige Flexibilität interpretiert, ist der Anteil der Menschen mit diffusen Identitäten gewachsen.

übernommene Identität

Menschen, die in einem bestimmten Bereich eine übernommene Identität haben, vertreten klare Wertvorstellungen und Meinungen, die jedoch von Autoritäten übernommen sind, und nicht selbstständig exploriert und hinterfragt wurden.

Moratorium

Während des Moratoriums findet eine Auseinandersetzung mit einem bestimmten Lebensbereich statt. Die Person ist um eine eigenständige Erarbeitung von Grundsätzen bemüht und exploriert Haltungen von Autoritäten ebenso wie alternative Sichtweisen.

erarbeitete Identität

Die erarbeitete Identität schließlich setzt voraus, dass sich das Individuum sowohl intensiv mit dem entsprechenden Lebensbereich auseinander gesetzt hat, als auch, dass es für sich in diesem Bereich eine Lebensperspektive erarbeitet hat (Marcia 1993).

Die ersten beiden Identitätszustände zeichnen sich dadurch aus, dass sich die Personen mit den Bereichen bisher kaum auseinandergesetzt haben. Die übernommene Identität und die erarbeitete Identität sind durch die Festlegung auf bestimmte Haltungen und Wertvorstellungen geprägt. Die Eltern spielen durch ihr Erziehungsverhalten eine große Rolle für die Identitätsentwicklung. Eine autoritativ-demokratische Erziehung begünstigt eher erarbeitete Identitäten, da Kinder zum eigenständigen Durchdenken unterschiedlicher Lebensbereiche ermuntert werden. Übernommene Identitäten gehen mit einer autoritären Erziehung einher, welche durch strikte Vorgaben das Festhalten an den Haltungen der Eltern erzwingen. Permissiv-laisser-faire und permissiv-vernachlässigende Erziehungsstile fördern eine diffuse Identität.

Patchwork Identitäten

Diese aktuellen gesellschaftlichen Entwicklungen haben enormen Einfluss auf die Identitätsentwicklung des Einzelnen. Der Anteil der stabilen, selbsterarbeiteten Identität geht zurück und der Anteil der Menschen steigt, welche auf der Stufe der diffusen Identität verbleiben. Dieser Anteil ist von 20 % auf heute 40 % angestiegen. Im Sinne einer kulturell adaptiven Diffusion werden Werte wie Unverbindlichkeit, Offenheit und Pluralismus betont; das Eingehen verbindlicher Bindungen und das Festlegen auf einen festen Wertekanon werden abgelehnt (Marcia 1993) (→ Kap. 6.2.3). Die neue soziale Unübersichtlichkeit oder Unsicherheit gefährdet den Aufbau einer stabilen Identität, da diese als Vorbedingung eine zeitliche und soziale grundsätzliche Stabilität voraussetzt. Patchwork Identitäten werden wahrscheinlicher.

Ich-Identität und Rollenidentität

Angesichts der Unübersichtlichkeiten der Gesellschaft besteht die Gefahr, dass der Einzelne auf die Entwicklung einer eigenständigen Ich-Identität verzichtet und sich auf die Bequemlichkeit einer Rollenidentität zurückzieht. Hierbei „zieht" er sich gleichsam die Rolle an, die mit einer bestimmten Position verknüpft ist. Menschliches Handeln ist dabei zunehmend von der handelnden Person gelöst und durch die Rolle, also die Erwartungen der Umwelt an den Inhaber einer Position, determiniert.

Beispiel

So kauft sich ein junger Betriebswirt die Automarke und die Anzugmarke, die alle seine Kollegen im Betrieb tragen, ändert seine Wohnungseinrichtung und seine Urlaubspläne nach den Vorgaben, welche die Standards des Betriebs setzen.

Ähnliche Entwicklungstendenzen finden wir auf der makrosozialen Gesellschaftsseite: Angesichts einer Fülle von Titeln und Qualifikationen und damit einer Steigerung der Unübersichtlichkeit werden Positionen in Wirtschaft und Gesellschaft oftmals zunehmend nach archaischen Prinzipien der sozialen Vererbung (Herkunft, Abstammung und Geschlecht) vergeben. So zeigt sich, dass insbesondere die Führungspositionen in der Wirtschaft in erster Linie an Männer aus höheren Gesellschaftsschichten vergeben werden („Stallgeruch“) und nicht in erster Linie nach Maßgabe von Leistung und erworbenen Qualifikationen.

Beispiel

Ein großes Unternehmen entscheidet sich bei der Besetzung einer Führungsposition in der Personalentwicklung für den Sohn eines befreundeten Unternehmers, der mit den Kindern des Personverantwortlichen zusammen im Internat war und nicht für die Tochter des Postangestellten, welche nach einer Banklehre ihr Abitur nachgemacht hat und als Jahrgangsbeste das Betriebswirtschaftsstudium abschloss.

Eine Gefährdung der Identität ist zudem durch die Komplizierung der Berufsanforderungen und divergierende Rollen gegeben, die Explosion der Kommunikationspartner (Stichwort fiktive Identitäten im Internet) und das Aufbrechen institutionalisierter Beziehungsmuster (Giddens 2001) (→ Kap. 3.3.1).

Merksatz

Der Aufbau einer persönlichen Identität ist nach Erikson eine Aufgabe, die sich insbesondere während der Jugendzeit stellt und die in Abhängigkeit der gemachten Erfahrungen mit der sozialen Umwelt in unterschiedlichen Bereichen zu unterschiedlichen Identitäten führen kann (diffuse, übernommene, erarbeitete Identität sowie Moratorium).

6.2.4 Entwicklung von Moral und Wertorientierung

Definition

Werte bezeichnen zum einen Ziele des menschlichen Handelns (goal values), aber auch die als gewünscht und wertvoll beurteilten Mittel zur Erreichung von beliebigen, nicht nur moralisch hochwertigen Zielen (instrumental values). Sie sind Kriterien zur Beurteilung von Handlungen und Ereignissen und wirken verhaltensleitend. Unter **Moral** versteht man das gesamte Wertesystem einer Person.

Moralstufen

Lawrence Kohlberg entwickelte ein differenziertes **Stufenmodell** der Entwicklung von Moral mit drei Hauptniveaus und sieben Stadien moralischen Verhaltens (siehe Tab. 20).

Dilemmatafragen

Die Einteilung der Personen in die unterschiedlichen Moralstufen erfolgt anhand der Vorgabe von Dilemmatasituationen, in denen sich (mindestens) zwei moralische, miteinander unvereinbare Werte gegenüberstehen (z. B. das Lebensrecht und das Eigentumsrecht *im unten stehenden Beispiel des Heinz-Dilemmas*). Besondere Bedeutung hat die Angabe der Gründe für die Entscheidung, anhand derer die Einteilung vorgenommen wird. Kohlbergs „klassisches“ Dilemma ist das Heinz-Dilemma:

Beispiel

Das Heinz-Dilemma

„In einem fernen Land lag eine Frau, die an einer besonderen Krebsart erkrankt war, im Sterben. Es gab eine Medizin, von der die Ärzte glaubten, sie könne die Frau retten. Es handelte sich um eine besondere Form von Radium, die ein Apotheker der gleichen Stadt erst kürzlich entdeckt hatte. Die Herstellung war teuer, doch der Apotheker verlangte zehnmal mehr dafür, als ihn die Produktion gekostet hatte. Er hatte 200 Dollar für das Radium bezahlt und verlangte 2.000 Dollar für eine kleine Dosis des Medikaments. Heinz, der Ehemann der erkrankten Frau, suchte alle seine Bekannten auf, um sich das Geld auszuleihen, und er bemühte sich auch um eine Unterstützung durch die Behörden. Doch er bekam nur 1.000 Dollar zusammen, also die Hälfte des verlangten Preises. Er erzählte dem Apotheker, dass seine Frau im Sterben lag, und bat, ihm die Medizin billiger zu geben, bzw. ihn den Rest später bezahlen zu lassen. Doch der Apotheker sagte: „Nein, ich habe das Mittel entdeckt, und

Moralstufen nach Kohlberg (zitiert nach Zimbardo 1983, 130/131)

Tab. 20

Grundlage des moralischen Urteils	Entwicklungsstufe
Ebene I: Vorkonventionell, hedonistisch. Moralischer Wert liegt in der Person Selbstsüchtig in guten und bösen Handlungen	**Stufe 0: Prämoralisch.** Gut ist, was ich gerne haben möchte
	Stufe 1: Bestrafung / Folgsamkeit. Egozentrisches Nachgeben gegenüber überlegener Macht oder Prestige; Versuch, Unannehmlichkeiten aus dem Weg zu gehen
	Stufe 2: Naive egoistische Orientierung. Instrumenteller Hedonismus. Richtig ist, was die eigenen Bedürfnisse befriedigt und ab und zu auch die anderer Personen. Konkrete Reziprozität: Auge um Auge ... Bewusstheit für die Relativität der Werte im Zusammenhang mit Bedürfnissen und Lebensaussichten
Ebene II: Konventionell; pragmatisch. Moralität einer konventionellen Rollenkonformität. Moralischer Wert liegt in der Ausführung guter oder richtiger Rollen und in der Beachtung von Konventionen und den Erwartungen anderer	**Stufe 3: Moralität des „guten" Kindes.** Anderen gefallen und helfen, um ein gutes Verhältnis herzustellen und Anerkennung zu gewinnen. Konformität mit stereotypen Ideen über natürliche Rollen. Das moralische Urteil gründet sich auf Absichten.
	Stufe 4: Orientierung an Gesetz und Ordnung. Autoritäten stellen die Regeln auf zur Aufrechterhaltung der öffentlichen Ordnung. Moralität: Die Pflicht tun und Respekt für Autoritäten zeigen; die soziale Ordnung um ihrer selbst willen erhalten
Ebene III: Nachkonventionell. Moralität von selbstakzeptierten moralischen Prinzipien. Der moralische Wert liegt in der Konformität mit den Prinzipien der moralischen Theorie	**Stufe 5: Kontraktmäßige, legalistische Orientierung.** Moralität von Verträgen, individuellem Recht und demokratisch akzeptierten Gesetzen; soziale Kontraktorientierung. Pflichten reflektieren die Rechte anderer, den Willen der Mehrheit und die allgemeine Wohlfahrt
	Stufe 6: Orientierung an Gewissen oder Prinzipien. Moralität individueller Prinzipien des Gewissens, gegenseitigen Respekts und Vertrauens. Orientierung nicht nur auf aktuelle soziale Regeln, sondern auf beständige universelle Prinzipien
	Stufe 7: Orientierung auf den Kosmos oder das Infinite. Die moralische Frage, die hier gilt, ist: „Warum leben?" und nicht: „Warum moralisch handeln?" Die Antwort bezieht sich auf die Einheit des Kosmos und auf das Selbst als Teil dieser Einheit.

ich will damit viel Geld verdienen.“ – Heinz hatte nun alle legalen Möglichkeiten erschöpft; er ist ganz verzweifelt und überlegt, ob er in die Apotheke einbrechen und das Medikament für seine Frau stehlen soll.“ (Kohlberg 2001, 59)

Korrelate der Moral

Kohlberg ließ Personen verschiedenen Alters moralische Dilemmata bearbeiten und einschätzen und fand heraus, dass es umso wahrscheinlicher ist, dass eine Person auf einer höheren Moralstufe ist, je älter die Person ist. Dennoch ist es nicht so, dass alle Personen automatisch mit einem bestimmten Alter eine bestimmte Stufe erreichen. Eine höhere Intelligenz bedingt außerdem nicht unbedingt eine höhere Moralstufe. Eine höhere Moralstufe führt nicht automatisch zu einem besseren Verhalten. Jedoch zeigen sich Zusammenhänge zwischen der Moralstufe und dem politischen und sozialen Engagement. Unter politisch und sozial engagierten Menschen ist der Anteil von Personen auf höheren Moralstufen deutlich überrepräsentiert. Hierzu liegen beispielsweise mehrere Untersuchungen der engagierten Jugend aus dem Amerika der 1960er Jahre vor. Auch bei klassischen Experimenten zu Gruppendruck und zu nonkonformem Verhalten sind Personen, die auf einer höheren Moralstufe sind, eher weniger gefährdet, mit der Masse zu laufen. Allgemein kann beobachtet werden, dass selbst Personen auf sehr hohen Moralstufen ein gegensätzliches Verhalten zeigen, wenn dieses monetäre oder emotionale Belohnungen verspricht.

Merksatz

Die Entwicklung der Moral, die Beurteilungsmaßstab von Handlungen und Ereignissen ist, vollzieht sich laut Kohlberg in insgesamt sechs Stufen, wobei diese nicht automatisch an ein bestimmtes Alter gebunden sind, jedoch mit wertbezogenen Verhaltensweisen wie sozialem und politischem Engagement in Beziehung stehen.

6.3 | Die Vorstellungswelt von Kindern und Jugendlichen: Ein Überblick über Studien zu Einstellungen und Perspektiven junger Menschen in Deutschland

Die schwedische Pädagogin Ellen Kay erklärte 1908 das 20. Jahrhundert zum „Jahrhundert des Kindes“, in welchem die kindliche Lebenswelt zunehmend in den Mittelpunkt gerückt werde. Zu Beginn des 21. Jahrhunderts stellt sich die Frage, welche Fortschritte für Kinder im letzten Jahrhundert erreicht werden konnten und welche Rückschritte es gab.

Dieses Kapitel versucht, folgende Fragen mit aktuellen Berichten zu beantworten:

- Welche Schulen besuchen junge Menschen in Deutschland und welche Schulabschlüsse erwerben sie?
- Wie viele von ihnen verlassen die Schule ohne Abschluss und welche Perspektiven ergeben sich für junge Menschen mit unterschiedlichen Schulabschlüssen?
- Welche Zukunftsvorstellungen, welche Ängste und Wünsche haben Kinder und Jugendliche?
- Wie zufrieden sind sie in psychischer Hinsicht und unter welchen körperlichen Auffälligkeiten leiden sie?
- Ist ihre Entwicklung an strukturelle Bedingungen gebunden, wie etwa die soziale Lage der Eltern und die kulturelle Herkunft?

Weiterführende Literatur

Kognitiv: Schul- und Bildungssituation von Kindern und Jugendlichen:

Autorengruppe Bildungsberichterstattung (2008): Bildung in Deutschland 2008. Ein indikatorengestützter Bericht mit einer Analyse zu Übergängen im Anschluss an den Sekundarbereich I. Bertelsmann, Bielefeld

Overwien, B., Prengel, A. (Hrsg.) (2007): Recht auf Bildung. Zum Besuch des Sonderberichterstatters der Vereinten Nationen in Deutschland. Barbara Budrich, Opladen

Sozial: Werte, Ideale und Zukunftsvorstellungen von Kindern und Jugendlichen:

LBS-Initiative Junge Familie (Hrsg.) (2002): Kindheit 2001 – Das LBS-Kinderbarometer. Was Kinder wünschen, hoffen und befürchten. Leske und Budrich, Opladen

World Vision Deutschland e. V. (Hrsg.) (2007): Kinder in Deutschland 2007. 1. World Vision Kinderstudie. Fischer Taschenbuch Verlag, Frankfurt am Main

Shell Deutschland Holding (Hrsg.) (2006): Jugend 2006. Eine pragmatische Generation unter Druck. Fischer Taschenbuch Verlag, Frankfurt am Main

Emotional und körperlich: Psychische Befindlichkeiten und Störungen sowie (chronische) Krankheiten und Ernährungssituation von Kindern und Jugendlichen:

Robert Koch Institut (2006): Erste Ergebnisse der KiGGS-Studie. Robert Koch Institut, Berlin

Charakteristisch für die Lage in Deutschland ist, dass die kognitive, soziale, emotionale und körperliche Entwicklung von Kindern und Jugendlichen sehr stark in Abhängigkeit der finanziellen und soziokulturellen Lage im Elternhaus divergiert.

Schul- und Bildungssituation von Kindern und Jugendlichen

Kinderkrippen

Dass möglichst viele Kinder und Jugendliche umfassend in Bildungsinstitutionen eingebunden sind, ist von elementarer Bedeutung. Jeder Mensch sollte sein geistiges, soziales und kulturelles Potential entfalten können. 17 Millionen Menschen, etwa ein Fünftel der Bevölkerung Deutschlands, sind gegenwärtig in Bildungsinstitutionen und Bildungsverläufe eingebunden.

Immer mehr Kinder werden bereits vor dem dritten Lebensjahr und vor Eintritt in den Kindergarten in pädagogischen Institutionen wie Kinderkrippen betreut, was jedoch noch lange nicht den Wünschen der Eltern an Angebotsstrukturen entspricht. Bei den Kindern unter drei Jahren lag die Quote für eine Tagesbetreuung außerhalb des Elternhauses im Jahr 2007 bei 9,9 % in den westlichen und 40,7 % in den östlichen Bundesländern. Ab dem Alter von drei Jahren ist die Betreuungssituation etwas entspannter. 89 % der Drei- bis Sechsjährigen in Westdeutschland und 93,9 % der ostdeutschen Kinder dieser Altersgruppe sind in Kindertageseinrichtungen und in Tagespflege untergebracht (Autorengruppe Bildungsberichterstattung 2008). Eine frühzeitige Förderung in Kindertageseinrichtungen ist gerade für Kinder, die von ihrem Elternhaus her strukturelle Nachteile erfahren, von elementarer Bedeutung. Die Kinder entwickeln sich in Kindergärten und Kinderkrippen nicht nur geistig weiter, sondern lernen auch Rücksichtnahme und Perspektivenübernahme durch den sozialen Kontakt mit Gleichaltrigen kennen.

Schulabschlüsse

Zunehmend mehr Personen wünschen hohe Schulabschlüsse. Der Hauptschulabschluss verliert an Bedeutung, während mittlere Abschlüsse und das (Fach)Abitur an Bedeutung gewinnen. 2006 lag die Zahl der Absolventinnen und Absolventen mit Fachhochschulreife bezogen auf die Zahl aller 18- bis 21-Jährigen bei 14 %, und die Zahl derer, die die allgemeine Hochschulreife erwarben, bei 30 % (Autorengruppe Bildungsberichterstattung 2008).

Studium

Trotz gestiegener Abiturientenzahlen ist die Anzahl an Studienanfängerinnen und -anfängern nicht gestiegen und die Sollvorgaben für die Studierendenzahlen in Deutschland (40 % Studienabschlüsse pro Jahrgang) werden nicht erreicht. Insgesamt liegt die Quote für die Aufnahme eines (Fach)Hochschulstudiums in Deutschland bei 37 % eines Jahrgangs. Diese Zahl beinhaltet jedoch auch diejenigen Ausländerinnen und Ausländer, die zum Studium nach Deutschland kommen und nach Studienabschluss zumeist wieder ins Ausland zurückkehren. Die Studienabbruchsquote verbleibt auf hohem Niveau (21 % für die Studienanfängerjahrgänge 1999 bis 2001). Als Gründe werden zwei Oberkategorien genannt: Äußere Bedingungsfaktoren, wie etwa die Studienbedingungen, finanzielle Engpässe und berufliche Neuorientierung und innere Bedingungsfaktoren, wie mangelnde Kongruenz zwischen Anforderungen und Studienwahlmotiven, geringes Leistungsvermögen und psychische Instabilität sowie emotionale Probleme (Griesbach / Lewin / Heublein / Sommer 1998). Viele Menschen streben auch mit mittlerem Abschluss oder mit Abitur in die duale Berufsausbildung. Jedes Jahr nehmen etwa 550.000 Menschen eine Ausbildung im dualen System der Berufsausbildung auf.

Ausbildung

Immer weniger junge Menschen mit Hauptschulabschluss können direkt nach der Schule ein Ausbildungsverhältnis aufnehmen und verbleiben zunächst im Übergangssystem. Von 1,2 Millionen jungen Menschen, die gerne eine betriebliche Ausbildung erhalten möchten, können nur etwa 550.000 junge Frauen und Männer eine Ausbildung im dualen System aufnehmen. Das Angebot an Ausbildungsplätzen konnte trotz gestiegener Nachfrage nicht wesentlich erweitert werden. Ein zunehmend wachsender Anteil an jungen Menschen (210.000) absolviert Berufsausbildungen im Schulberufssystem (z. B. Pflegefachschulen). 500.000 verbleiben im Übergangssystem, das seit 1995 nach Maßgabe der Absolventinnen und Absolventen beziehungsweise der Nutzerinnen und Nutzer des Übergangssystems um 50 % gestiegen ist.

Kritik

Hauptkritikpunkte am deutschen Bildungssystem

1. Trotz steigender Bildungsbeteiligung sind immer noch zu wenige junge Menschen in Bildungsprozesse eingebunden: Im internationalen Vergleich und im Vergleich mit den Sollvorgaben (Zielvorgabe: 40 % Studienabschlüsse pro Jahrgang) ist die Beteiligung zu niedrig. Zu viele Personen verlassen die Schule ohne Abschluss (2006: 76.000). Trotz gestiegener Abiturientenzahlen ist die Anzahl an Studienanfängerinnen und -anfängern nicht gestiegen und verbleibt unter dem internationalen Durchschnitt (Studienanfängerinnen und -anfänger an Universitäten und Fachhochschulen pro Jahrgang bei 37 % bei gegenwärtiger Abbruchquote von 21 %).
2. Die Bildungszeiten werden zu wenig effektiv genutzt. Neben der nur ungenügenden Kompetenzsteigerung (→ Kap. 4.3.1, PISA-Studie) sind etwa ein Drittel der Personen von Abwärtsbewegungen innerhalb des Schulsystems betroffen (36 %): Sie müssen eine Klasse wiederholen (24 % der bei PISA-Befragten waren schon einmal „Sitzen geblieben"), auf eine „niedrigere" Schulart abgehen oder werden bei der Einschulung zurückgestuft. Insgesamt werden im internationalen Vergleich auch die Abschlüsse des Sekundarbereichs II (abgeschlossene Ausbildung, Hoch- oder Fachhochschulreife) zu spät erreicht (PISA-Konsortium Deutschland 2004).
3. Bei Übergängen an den Gelenkstellen des Bildungssystems entscheidet die soziokulturelle Herkunft stärker als die Kompetenzen über den Besuch weiterführender Schulen und die erfolgreiche Einmündung ins Berufssystem. In keinem westlichen Industrieland ist die Kluft zwischen Personen unterschiedlicher soziokultureller Herkunft innerhalb des Schulsystems so ausgeprägt wie in Deutschland. Ein Kind aus einer Akademikerfamilie, das einem Kind aus einer Arbeiter-

familie weder in der Intelligenz noch in der sprachlichen, mathematischen und naturwissenschaftlichen Kompetenz überlegen ist, hat eine stark erhöhte Wahrscheinlichkeit, ein Gymnasium zu besuchen (PISA-Konsortium Deutschland 2004).

Insbesondere Jugendliche mit Migrationshintergrund werden im deutschen Schulsystem oftmals nur ungenügend gefördert (Stein 2008d). Insgesamt verlassen etwa 25 % der Menschen mit Migrationshintergrund die Schule ohne Schulabschluss. Im Schnitt müssen Personen mit Migrationshintergrund 17 Monate Arbeitssuche aufwenden, ehe sie einen Ausbildungsplatz im dualen Ausbildungssystem antreten können, verglichen mit drei Monaten, welche deutsche Mitbewerberinnen und Mitbewerber aufwenden müssen (Autorengruppe Bildungsberichterstattung 2008). Auch erwerben junge Menschen mit Migrationshintergrund seltener einen beruflichen Abschluss und bleiben somit gering qualifiziert. Während in Deutschland insgesamt 27 % der Personen über keinen beruflichen Abschluss verfügen, trifft dies auf 51 % der Personen mit Migrationshintergrund zu (Statistisches Bundesamt 2005).

Werte, Ideale und Zukunftsvorstellungen von Kindern und Jugendlichen

Kindliche Lebenswelten

Das LBS-Kinderbarometer und die World Vision Kinderstudie befassen sich mit den Ängsten, Wünschen, Freizeitstilen und dem Engagement der 7- bis 12-Jährigen.

Kinderängste

Die kindliche Sicht ist gegenüber den gesellschaftlichen Verhältnissen sehr kritisch und formuliert nicht nur persönliche Ängste, sondern auch Ängste, die sich auf die makrosoziologische Gesellschaftsperspektive beziehen lassen, wie etwa Angst vor Verarmung weiter Teile der Bevölkerung. Die Befürchtungen für die eigene Zukunft sind in erster Linie Angst vor schlechten Schulnoten und vor einer persönlichen Bedrohung. Ängste, die die eigene Zukunft und die Zukunft der Familie betreffen, sind in der Unterschicht wesentlich häufiger verbreitet als in der Oberschicht.

Kinderwünsche

Bei der Frage des Kinderbarometers nach den „größten Wünschen" wurden bei den Jungen mit 35 % materielle Wünsche genannt, bei den Mädchen mit 21 % der Wunsch nach einem eigenen Haustier. Immaterielle Wünsche etwa nach Gesundheit und Zufriedenheit oder nach einer besseren Welt wurden vergleichsweise selten zu jeweils 5 % ausgedrückt.

Kindliches Freizeitverhalten

Auch bezüglich des Freizeitstils und des Engagements von Kindern zeigt sich ein großer Zusammenhang zur sozioökonomischen und zur kulturellen Herkunft. Insgesamt gehen drei von vier Kindern einer Gruppenaktivität nach. Die Teilnahme an organisierten Gruppen, das Leseverhalten und musische Interessen sind stark schichtabhängig und sinken vor allem in der Unterschicht rapide ab. Bei den Sportaktivitäten ergibt sich für den Zusammenhang mit sozialer und kultureller Herkunft ein gemischtes Bild. Während allgemein die Kinder aus höheren Schichten sportlich aktiver sind, erweisen sich die Kinder aus niedrigeren Schichten und mit Migrationshintergrund als sehr heterogen. Manche Kinder sind sehr sportlich, während andere ein passives Freizeitverhalten bevorzugen. Anhand der Freizeitbeschäftigungen der Kinder können diese unterschiedlichen Freizeittypen zugeordnet werden (siehe Tab. 21).

Kindliches Engagement

Das Engagement im Kindesalter ist bemerkenswert hoch, wenn man bedenkt, dass Kinder vielfach noch keine Möglichkeit zum Engagement besitzen. Insgesamt 59 % waren schon einmal für andere aktiv. 17 % beziehungsweise 19 % der Kinder sind zu den Hochengagierten zu zählen, die in zwei oder sogar drei und mehr Engagements eingebunden sind. Kinder sind also bereit, Aufgaben zu übernehmen, wenn ihnen hierzu Gelegenheit geboten wird (World Vision 2007). Entsprechend übernehmen Kinder, die außerhalb des Hauses etwa im Hort betreut werden, ältere Kinder und Kinder aus den oberen Schichten eher ein Engagement.

Zukunftssicht Jugendlicher

Die Shell Jugendstudie 2006 bietet mit den umfassendsten Einblick in die Lebenswelt von jungen Menschen zwischen zwölf und 25 Jahren.

Die drei kindlichen Freizeittypen (World Vision 2007)

Tab. 21

Normale Freizeitler (50 %)	Vielseitige Kids (24 %)	Medienkonsumenten (26 %)
	Freizeitprofil der Aktivitäten	
Ausgewogenes Nachgehen unterschiedlicher Aktivitäten	Sport und Freunde, aber auch starke Betonung musischer Interessen (Freizeiteliten) Lesen	Sport und Freunde, ansonsten vielfach Medienkonsum
	Gruppenaktivitäten	
Normal starke Gruppenzugehörigkeit	Hohe Gruppeneinbindung	Geringe Gruppenaktivität
	Geschlechtszusammensetzung	
Keine Differenzierung hinsichtlich Geschlecht	Zu 89 % aus Mädchen bestehend	Zu 82 % aus Jungen bestehend
	Schichtzugehörigkeit	
Keine Differenzierung hinsichtlich Schicht	Höhere Schicht	Niedrigere Schicht

Angesichts der schwieriger werdenden gesellschaftlichen Perspektiven sieht ein Großteil der jungen Menschen im Vergleich mit früheren Studien zunehmend mit gemischten Gefühlen der gesellschaftlichen und persönlichen Zukunft entgegen. Im Hinblick auf die Gesellschaft dominieren Ängste, welche sich auf den Bereich der schlechten Wirtschaftslage, der hohen Arbeitslosigkeit und der ungelösten Frage der Integration von Personen mit Migrationshintergrund beziehen; größere makrosoziologische Risiken der Gesellschaft wie etwa die steigende Umweltverschmutzung oder die Angst vor einem Krieg in Europa haben in ihrer Bedrohlichkeit abgenommen. Auch wenn die eigene Zukunft tendenziell positiver gesehen wird als die Zukunft der Gesellschaft als ganzes, dominiert auch hier die Furcht vor Arbeitslosigkeit und mangelnden beruflichen Perspektiven: Nur mehr etwa zwei von drei Jugendlichen sind sich sicher, ihre beruflichen Wünsche verwirklichen zu können.

Jugendreligiosität

Etwa die Hälfte der Jugendlichen in Deutschland ist im weitesten Sinne religiös, das heißt, sie glaubt an einen persönlichen Gott oder ein höheres Wesen. Jugendliche glauben zudem, dass parareligiöse Phänomene (Astrologie, das Schicksal, etc.) einen Einfluss auf ihr Leben haben. Die Shell Jugendstudie 2006 unterteilt die Jugendlichen grob in drei Gruppen: die stark religiösen Jugendlichen mit Migrationshintergrund, die zumeist muslimischen Glaubens sind oder einer christlich-orthodoxen Kirche angehören, die etwas religiösen Jugendlichen Westdeutschlands, die zumeist konfessionell einer der Religionsgemeinschaften zugehören und Fragen des Glaubens aufgeschlossen gegenüberstehen, und die nichtreligiösen Jugendlichen Ostdeutschlands, die weder konfessionell gebunden noch in Glaubensfragen engagiert sind.

Jugendwerte

Hinsichtlich der Werte sind für Jugendliche insbesondere die Bereiche der ‚Privaten Harmonie‘ (z.B. gute Freunde), der ‚Individualität‘ (z.B. persönliche Autonomie) und der ‚Sekundärtugenden‘ (z.B. fleißig und ehrgeizig sein) am bedeutsamsten. Die Sekundärtugenden erfahren gegenwärtig eine enorme Aufwertung im Bewusstsein der jungen Menschen. Es können vier Gruppen von jugendlichen Wertevorstellungen ausgemacht werden. In allen vier Wertegruppen finden sich in etwa gleich viele Personen (siehe Tab. 22).

Engagement Jugendlicher

Das jugendliche Engagement bewegt sich auf hohem Niveau: insgesamt 33 % der Jugendlichen betonen in der Shell Jugendstudie, in irgendeiner Weise oft für andere aktiv zu sein; 42 % sind gelegentlich für soziale und gesellschaftliche Aufgaben in der Freizeit aktiv oder setzen sich für andere Menschen ein. Lediglich 25 % zeigen keinerlei soziales Engagement.

Jugendliche Wertetypen nach der Shell Studie 2006

Tab. 22

pragmatische Idealisten	robuste Materialisten	selbstbewusste Macher	zögerliche Unauffällige
Werteprofil			
Werte wie Kreativität und Mitgefühl	Konzentration auf die Erlangung persönlicher Ziele	Alle Werte werden als bedeutsam eingestuft	Kein ausgeprägtes Werteprofil
Persönlichkeitsprofil			
Eher weibliche und besser ausgebildete Jugendliche	Eher männliche Jugendliche und solche aus praktischeren Schularten	Energiegeladene und wissbegierige Menschen	Schüchternheit, Einsamkeit und Unterlegenheitsgefühle

Psychische Befindlichkeiten und Krankheiten

In der Gesundheit von Kindern sind in der westlichen Welt insbesondere im letzten Jahrhundert entscheidende Fortschritte erzielt worden. Dies bedeutet jedoch nicht, dass die Kinder in Deutschland frei von Krankheiten und psychischen Nöten aufwachsen können.

Chronische Krankheiten

Insgesamt schilderten etwa 15 % der Jungen und Mädchen in der KiGGS Gesundheitsstudie ihren Gesundheitszustand nur als mittelmäßig und etwas weniger als 1 % als schlecht oder sehr schlecht. Insbesondere chronische Krankheiten wie Neurodermitis und Allergien haben starke Auswirkungen auf Kinder. Allergien sind die einzige Krankheitsform, unter der Kinder mit Migrationshintergrund seltener leiden.

Unfälle und Gewalt

Unfälle führen in der Statistik die Todesfälle der Kinder und Jugendlichen bis 15 Jahre an. Die Unfälle wären jedoch nach Expertenmeinung zu über der Hälfte vermeidbar. Zu den Unfällen treten Gewalterfahrungen hinzu; etwas mehr als 5 % der Kinder sind Opfer von Gewalt.

Verhaltensauffälligkeiten

Bei knapp 15 % der Kinder und Jugendlichen gibt es Hinweise auf Verhaltensauffälligkeiten und emotionale Probleme, welche Kinder aufgrund des zunehmenden Stresses und Risikofaktoren wie die Scheidung der Eltern oder Schulversagen zunehmend quälen. Fast ein Viertel der Kinder und Jugendlichen zeigen Symptome von Essstörungen.

Gesundheitsverhalten

Hinsichtlich des Gesundheitsverhaltens der jungen Generation ist die große Präferenz für ungesundes Fast Food auffällig. So stehen bei den Lieblingsgerichten von Kindern laut dem Kinderbarometer Pizza, Pommes Frites und Hamburger ganz oben. Obst und Gemüse wurde nur von einem Bruchteil der Kinder als Lieblingsessen bezeichnet. Ein Teil der Kinder berichtet auch über problematische Ernährungsgewohnheiten der Familie, etwa dass keine gemeinsamen Mahlzeiten eingenommen werden oder dass sie nie ein warmes Essen erhalten. Dementsprechend steigt der Anteil der übergewichtigen Kinder. Kinder aus Familien mit niedrigem Sozialstatus sind überproportional von Übergewicht betroffen. Seit 1999 ist der Anteil der Kinder und Jugendlichen mit Übergewicht um 50 % gestiegen.

Nikotin und Alkohol

In keinem anderen Industrieland rauchen so viele Kinder und Jugendliche wie in Deutschland. Etwa ein Drittel der Jungen und ein Viertel der Mädchen gaben zudem an, mindestens einmal in der Woche Alkohol zu trinken und 20,5 % der elf- bis 17-jährigen Jungen und 20,3 % der Mädchen in dieser Altersgruppe rauchen.

Merksatz

Die Lebenslage von Kindern und Jugendlichen in Deutschland wird durch makrogesellschaftliche Probleme, wie etwa eine starke Kluft zwischen Personen unterschiedlicher soziokultureller Herkunft dominiert; dies schlägt sich in unterschiedlichen Bildungsbeteiligungen und Freizeitstilen sowie unterschiedlichen Dimensionen des innerpsychischen Erlebens, wie etwa psychischer Befindlichkeiten, Ängsten und Wünschen nieder.

Zusammenfassung

In Kapitel 6 werden die wichtigsten Theorien der menschlichen Entwicklung dargelegt (Kognition, Bindung, Identität, Moral) sowie die strukturellen Bedingungen des Aufwachsens in Deutschland und die damit verknüpften psychischen Befindlichkeiten von Kindern und Jugendlichen beleuchtet.

Hinsichtlich der Bildungs- und Ausbildungssituation steigt die Bildungsbeteiligung; es zeigen sich jedoch Probleme beim Übergang von der Schule in die Ausbildung sowie eine Kluft in der Kompetenzentwicklung zwischen Personen unterschiedlicher soziokultureller Herkunft. Kinder mit Migrationshintergrund und aus einfacheren Schichten sind benachteiligt.

Die strukturellen Bedingungen der Gesellschaft spiegeln sich in den Ängsten, den Werten und im Freizeitverhalten von Kindern und Jugendlichen wider. Es dominieren Ängste, die sich auf die makrosoziologische Gesellschaftsperspektive beziehen lassen, wie die Angst vor Armut und Arbeitslosigkeit. Allgemein erweisen sich junge Menschen als sehr aktiv in Freizeit und Engagement eingebunden. Werte der privaten Harmonie dominieren und die Sekundärtugenden erfahren eine Aufwertung. Chronische Erkrankungen, Allergien und Zivilisationskrankheiten wie etwa Fettsucht und Diabetes, bedingt durch sitzende Tätigkeiten, Stressbelastungen und falsche Ernährung, sind in Deutschland bei Kindern und Jugendlichen weit verbreitet. Bildungsbeteiligung, Gesundheitsverhalten und die seelischen Befindlichkeiten der Kinder sind stark von sozioökonomischen und kulturellen Variablen wie Schichtzugehörigkeit und Migrationshintergrund abhängig.

Weiterführende Literatur

Bandura, A. (1979): Sozial kognitive Lerntheorie. Klett, Stuttgart

Langfeld, H.-P., Nothdurft, W. (2007): Psychologie. Grundlagen und Perspektiven für die Soziale Arbeit. 4. Aufl. Ernst Reinhardt, München

LBS-Initiative Junge Familie (Hrsg.) (2002): Kindheit 2001 – Das LBS-Kinderbarometer. Was Kinder wünschen, hoffen und befürchten. Leske und Budrich, Opladen

Mietzel, G. (2002): Wege in die Entwicklungspsychologie. Erwachsenenalter und Lebensende. 4. Aufl. Beltz, Weinheim

Robert Koch Institut (2006): Erste Ergebnisse der KiGGSStudie. Robert Koch Institut, Berlin

Shell Deutschland Holding (Hrsg.) (2006): Jugend 2006. Eine pragmatische Generation unter Druck. Fischer Taschenbuch Verlag, Frankfurt am Main

World Vision Deutschland e.V. (Hrsg.) (2007): Kinder in Deutschland 2007. 1. World Vision Kinderstudie. Fischer Taschenbuch Verlag, Frankfurt am Main

Übungsaufgaben

1 Beschreiben Sie die Grundzüge der kognitiven Entwicklung nach Jean Piaget anhand der Begriffe Äquilibration, Assimilation, Akkommodation und Schema!

2 Schildern Sie, wie es in Abhängigkeit vom Fürsorgeverhalten der Pflegeperson zu unterschiedlichen Bindungstypen kommt und wie sich diese auf Verhalten und Erleben in der Kindheit auswirken!

3 Welche Identitätszustände gibt es nach Marcia und wie hängen diese mit einem erlebten Erziehungsverhalten zusammen?

4 Nennen und erklären Sie die Stufen der moralischen Urteilsfähigkeit nach Kohlberg.

5 Geben Sie einen Überblick über die Wertvorstellungen, das Engagementverhalten sowie persönliche und gesellschaftliche Ängste von Kindern und Jugendlichen in Deutschland und bringen Sie diese Ängste mit makrosoziologischen Lebenslagen in Verbindung (Gesellschaftsprobleme, Schicht, Migrationshintergrund etc.)!

Die Antworten finden Sie unter www.reinhardt-verlag.de.

7 | Pädagogik für alle Lebensalter: Von der Elementarpädagogik bis zur Geragogik

Überblick

Das Kapitel „Pädagogik für alle Lebensalter“ zeigt auf, dass sich die Pädagogik nicht nur an Kinder und Jugendliche als Adressaten wendet. Von der Hypothese ausgehend, dass die Pädagogik sich prinzipiell an alle Menschen wendet, werden zunächst die Ziele und Aufgaben einer Pädagogik für alle Lebensstufen abgeleitet. Am Lebensalter orientiert, werden dann die Elementar- oder Frühpädagogik, die Schulpädagogik, die Erwachsenenpädagogik oder Andragogik sowie die Geragogik oder pädagogische Altenarbeit vorgestellt. Als wichtige weitere pädagogische Subdisziplinen werden die Sozialpädagogik und die Gesundheitspädagogik exemplarisch herausgegriffen und thematisiert.

Ziele und Aufgaben einer Pädagogik für alle Lebensalter

Emanzipation

Ziele und Aufgaben einer Pädagogik für alle Lebensalter sind die Förderung der Emanzipation und Mündigkeit im Sinne einer größtmöglichen Handlungsautonomie sowie ein allseitiges Wohlbefinden des Einzelnen in allen Lebensstufen und allen sozialen Lagen. Die Pädagogik formuliert positive Ziele: „Leitbegriffe wie ‚Bezug‘, ‚Selbstaufforderung‘, ‚Verantwortung‘, ‚Selbständigkeit‘“ (Birgmeier 2003, 271) flankieren das Selbstverständnis der modernen Pädagogik. Das Ziel ist das handlungsfähige Subjekt. Der Mensch soll zum Handeln ermächtigt werden, er soll nicht nur auf äußere Umstände reagieren, sondern Selbsttätigkeit und Eigenaktivität bei der Gestaltung seines Lebens entwickeln.

Adressaten der Pädagogik

Fälschlicherweise wird Pädagogik oftmals auf die Pädagogik speziell für Kinder und Jugendliche reduziert. Vom Alltagsverständnis gehen die meisten Menschen davon aus, dass Pädagoginnen und Pädagogen ausschließlich im Kinder- und Jugendbereich etwa in der Schule, in Jugendeinrichtungen oder in der Erziehungshilfe arbeiten. Die Adressaten der Pädagogik sind jedoch Menschen aller Lebenslagen und aller Lebensalter.

Entwicklungsaufgaben

Die einzelnen Lebensabschnitte des Menschen gehen nach Havighurst und Taba (1963) mit unterschiedlichen Entwicklungsaufgaben und daraus abgeleitet unterschiedlichen Bedürfnissen des Menschen einher. Dabei bleiben die grundsätzlichen Bedürfnisse, wie das Bedürfnis nach Autonomie, emotionaler Ansprache oder Gemeinschaft gleich (→ Kap. 1.2). Basierend auf den Entwicklungsaufgaben und Bedürfnissen des Menschen ergeben sich unterschiedliche Aufgaben der Pädagogik.

Definition

Eine **Entwicklungsaufgabe** ist eine Bewährung, die sich in einer bestimmten Lebensperiode des Individuums stellt. Ihre erfolgreiche Bewältigung führt zu individueller Zufriedenheit und ist bedeutsam für die weitere Entwicklung, während ein Scheitern mit geringer Zufriedenheit und gesellschaftlicher Ablehnung einhergeht.

In unterschiedlichen Lebensaltern werden unterschiedliche Entwicklungsaufgaben für das Individuum definiert:

- *Frühe Kindheit:* Aufbau von Bindung, Entwicklung von Sensomotorik und Motorik;
- *Kindheit:* Steigerung von Autonomie und Selbstkontrolle;
- *Frühes Schulalter:* Identifikation mit dem eigenen Geschlecht;
- *Mittleres Schulalter:* Entwicklung von sozialer Kooperation und Kommunikation;
- *Adoleszenz:* Körperliche Reifung;
- *Jugend:* Autonomie von den Eltern;
- *Frühes Erwachsenenalter:* Aufbau intimer, fester Beziehungen;
- *mittleres Erwachsenenalter:* Selbstständigkeit bei der Gestaltung des Lebens im Beruf und zuhause;
- *Spätes Erwachsenenalter:* Neue Rollendefinition, zurückblickende Lebensakzeptanz

Merksatz

Neben den allgemeinen Zielen der Pädagogik, Emanzipation, Mündigkeit, Handlungsautonomie und Wohlbefinden des Einzelnen zu fördern, leistet Pädagogik auf den einzelnen Altersstufen Hilfestellung bei der Bewältigung der speziellen Entwicklungsaufgaben.

Elementarpädagogik: Erziehung und Bildung für Kinder bis sechs Jahre

Die Elementarpädagogik oder Frühpädagogik richtet sich an Kinder bis etwa zum sechsten Lebensjahr sowie an Eltern und Familien mit kleinen Kindern. Elementarpädagoginnen und -pädagogen arbeiten beispielsweise in der institutionellen Betreuung von Kindern unter sechs Jahren in öffentlichen und privaten Trägerstrukturen, in der Beratung und Unterstützung von Eltern und Familien oder in der Frühförderung von Kindern mit besonderem Förderbedarf.

Institutionelle Betreuung

Die Elementarpädagogik erlebt gegenwärtig einen großen Aufwärtstrend zum einen durch den zunehmenden Wunsch von Eltern, Kinder auch schon vor dem Kindergarten in Gruppen mit Gleichaltrigen betreuen zu lassen, sowie durch die gesetzliche Regelung, dass allen Kindern ab dem dritten Lebensjahr ein gesetzlicher Kindergartenplatz zusteht und die gegenwärtige Akademisierung der Ausbildung von Erzieherinnen und Erziehern. Früher wurde die institutionelle Betreuung von kleinen Kindern außerhalb der Familie oftmals als entwicklungspsychologisch bedenklich angesehen, etwa für den Aufbau einer stabilen Bindung an die Eltern (*Schlagwort: „Das Kind gehört zur Mutter!“*). Die Diskussion über die Betreuung von Kindern insbesondere unter drei Jahren außerhalb der Familie ist immer noch ideologisch stark aufgeladen. Mittlerweile hat die empirische Forschung jedoch die Befürchtung entkräften können, dass sich Kinder, die teilweise außerhalb der Familie betreut werden, schlechter entwickeln oder ein gestörtes Sozialverhalten zeigen. Weniger die Quantität an Zeit, die außerhalb der Familie verbracht wird, als die Qualität der Betreuung entscheidet über die Entwicklung der Kinder. Wichtig ist insbesondere, dass die einzelnen Betreuerinnen und Betreuer nicht zu viele Kinder betreuen und über die Zeit hinweg stabile Bezugsperson bleiben, um einen individuellen Bindungsaufbau zu gewährleisten. Zudem sollten die Eltern Hauptbezugspersonen bleiben und die Erziehungsart zwischen Krippe und Elternhaus konvergent gestaltet sein.

Familienberatung

Die Aufgaben der Beratung und Unterstützung von Kindern, Eltern und Familien sind gesetzliche Aufgaben der Kinder- und Jugendhilfe und somit im Sozialgesetzbuch SGB VIII geregelt. Zur Beratung zählen etwa die Erziehungs- und Familienberatung, zur Unterstützung Familienunterstützende Dienste oder Kinder- und Familienfreizeiten. Alle Maßnahmen werden von Pädagoginnen und Pädagogen begleitet und organisiert.

Merksatz

Aufgaben der Elementar- oder Frühpädagogik sind die institutionelle Betreuung von kleinen Kindern außerhalb der Familie und die Beratung und Unterstützung von Kindern, Eltern und Familien, insbesondere bei besonderen Belastungen.

Schulpädagogik: Erzieherische Wirklichkeit in der Schule

Die Schulpädagogik ist zum einen eine Disziplin, die wissenschaftlich die Erziehungswirklichkeit im Rahmen der Schule deskriptiv beschreibt, erklärt und vorhersagen möchte, die aber auch im Sinne einer Handlungswissenschaft Lehr- und Lernprozesse und Erziehungsprozesse in der Schule positiv gestalten möchte. Die wissenschaftlich orientierte Schulpädagogik ist je nach Betrachtungsperspektive auf drei unterschiedlichen Ebenen angesiedelt.

Didaktische Perspektive

Unter einer didaktischen Perspektive (→ Kap. 5.5) werden das Unterrichten, seine Ausgestaltung, Planung und Konzeption, sowie Lehr-Lernprozesse ins Blickfeld gerückt. Dazu gehören beispielsweise Fragen, wie man eine sinnvolle Unterrichtseinheit zum Bereich Umweltbildung aufbaut, welche Lehr-Lernprozesse in der Erwachsenenbildung greifen oder ähnliches.

Curriculare Perspektive

Die curriculare Perspektive befasst sich mit den Inhalten und der Ausgestaltung von Lehrplänen (beispielsweise der Frage, welche Bestandteile ein Curriculum enthalten muss, das in der modernen Gesellschaft sinnvolle Inhalte zum Bereich Umweltbildung enthält).

Schultheoretische Perspektive

Die schultheoretische Perspektive ist insbesondere mit der Rolle befasst, die die Schule in modernen Gesellschaften innehat (beispielsweise Fragen dazu, inwiefern die Schule beim Ausgleich sozialer Disparitäten und unterschiedlicher sozialer Startbedingungen eine korrigierende Rolle spielen muss und soll) (Klafki 2002).

Die Schulpädagogik bleibt jedoch nicht bei der Erforschung von Erziehungswirklichkeit stehen, sondern leistet im Sinne einer Handlungswissenschaft einen wichtigen Beitrag zur Verbesserung von didaktischen Konzepten und ihren Umsetzungen, der curricularen Ausgestaltung, informeller Lernprozesse und bei der gesellschaftlichen Rolle, die die Schule in der heutigen Gesellschaft spielt (→ Kap. 4, Bildung; Kap. 5, Lernen).

Merksatz

Die Aufgaben der Schulpädagogik sind die didaktische, curriculare und schultheoretische Erforschung der Erziehungswirklichkeit sowie ihre Verbesserung für alle an Lehr-Lernprozessen beteiligten Personen im Sinne einer Handlungswissenschaft.

Erwachsenenpädagogik: Entwicklungslinien der Erwachsenenbildung

Die Erwachsenenpädagogik, auch Andragogik genannt (vom griechischen Wort *andras* für „Mann“ oder „Mensch“ und *agein* für „führen“ abgeleitet, in Abgrenzung zum Begriff der Pädagogik, der sich aus dem griechischen Wort *pais* für „Kind“ ableitet; → Kap. 1), erlebt angesichts der (Weiter)Bildungsgesellschaft, die lebenslanges Lernen fordert, einen großen Aufwärtstrend. Zum einen zeigt sich dieser Trend in der Arbeits- und Betriebspädagogik, etwa in betrieblichen Einrichtungen aber auch bei kommerziellen Anbietern wie PC- oder Sprachenschulen, zum anderen in der öffentlichen Erwachsenenbildung, etwa in Institutionen wie den Volkshochschulen oder partei- oder kirchennahen Stiftungen und Akademien, die breite (Allgemein)Bildung für alle Bevölkerungsgruppen anbieten (Arnold 2003).

Weiterbildungsgesellschaft

Moderne Erwachsenenbildung wird vor dem Hintergrund des Begriffs des Lebenslangen Lernens diskutiert. Angesichts der Herausforderung, in der pluralistischen, postmodernen, globalisierten Risikogesellschaft (→ Kap. 2), sowohl hinsichtlich der Kompetenzen als auch hinsichtlich der psychischen Anpassungsfähigkeit an die vielfältigen Chancen und Risiken anschlussfähig zu bleiben, ist eine persönliche systematische Weiterbildung notwendig. Oftmals wird die heutige Gesellschaft auch als Weiterbildungsgesellschaft bezeichnet.

Erwachsenenbildnerische Didaktik

Die Erwachsenenbildung und Erwachsenenpädagogik bedient sich spezieller didaktischer und methodischer Zugänge. Folgende didaktische Prinzipien kennzeichnen die Erwachsenenpädagogik (Lauper 2008):

- *Partizipatives und gleichberechtigtes Lehren und Lernen:* Adressatinnen und Adressaten der Erwachsenenbildung werden als gleichberechtigte, selbstständig agierende Subjekte angesehen, die selbst organisiert lernen. Formelle und informelle Lern- und Persönlichkeitsentwicklungsprozesse werden durch den Erwachsenenbildner nur flankierend im Sinne eines Coachings beratend begleitet und behutsam angeleitet.
- *Zielgruppenorientierung und Teilnehmerorientierung:* Es erfolgt der Einbezug der konkreten Lebenswirklichkeit, aus der die Teilnehmenden kommen. Spezifische Interessen, Bildungsaspirationen, Entwicklungsmotivationen, Probleme und Handlungsmöglichkeiten des Kontextes werden aufgegriffen.
- *Handlungsorientierung, Themenzentrierung und Problemorientierung:* Angesichts der Tatsache, dass die Teilnehmenden an Erwachsenenbildung oftmals mit konkreten Problemstellungen aus der Wirklichkeit an die Institutionen herantreten, werden diese spezifisch und handlungsrelevant bearbeitet. Dabei werden konkrete Handlungsoptionen mit den Teilnehmenden erarbeitet und eingeübt (Arnold 2003).

E-Learning

Zunehmend bedeutsamer wird im Bereich der Erwachsenenbildung selbst organisiertes Lernen etwa mit Hilfe von Fernunterricht, E-Learning mit interaktiven Weiterbildungsmedien oder mit Hilfe des blended learning, das Präsenzunterricht möglichst in der Gruppe mit Phasen des selbst organisierten konzentrieren E-Learnings kombiniert (Sauter/Sauter 2002).

Merksatz

Die Aufgaben der Erwachsenenpädagogik oder der Erwachsenenbildung sind die Begleitung selbst organisierter Lern- und Entwicklungsprozesse unter den Aspekten Handlungsorientierung, Themenzentrierung und Problemorientierung.

Geragogik: Eine Pädagogik für Personen der zweiten Lebenshälfte

Demographie

Die Geragogik oder pädagogische Altenarbeit leitet sich vom griechischen Wort *géron* ab, was „alter Mensch“ bedeutet, in Abgrenzung von der Pädagogik, die sich aus dem griechischen Wort *pais* für „Kind“ schlussfolgert. Bedingt durch demographische und gesellschaftliche Prozesse werden zunehmend mehr Pädagoginnen und Pädagogen zukünftig im Bereich der Altenarbeit und Altenbildung tätig sein. Weltweit wird der Anteil älterer Menschen über 60 Jahren aufgrund der steigenden Lebenserwartung und der sinkenden Geburtenrate von gegenwärtig 10 % auf etwa 21 % im Jahr 2050 ansteigen; in Westeuropa von gegenwärtig 20 % auf 30 % (Bartels / Jenrich 2004; Statistisches Bundesamt 2006). Hinzu tritt, dass ältere Menschen durch die zunehmende Mobilität der jüngeren Generation seltener als bisher in der Dreigenerationenfamilie leben und diese als Wohnform sowohl von den jüngeren als auch den älteren Menschen immer weniger präferiert wird. Professionelle Kräfte übernehmen somit zunehmend sowohl pflegerische als auch freizeitpädagogische Aufgaben im Bereich der Altenhilfe und Altenarbeit.

Altenhilfe

Die Tätigkeitsfelder von Pädagoginnen und Pädagogen im Bereich der Geragogik sind die stationäre oder teilstationäre Altenhilfe und Altenarbeit, die offene Altenarbeit sowie der Bereich der Altenbildung. Im Bereich der Gestaltung menschenwürdiger Wohn- und Lebensumwelten für ältere Menschen werden Altenheime von einem Gros der alten Menschen sehr kritisch gesehen und kaum als Wohnform im Alter präferiert; dagegen erfreut sich das Angebot des betreuten Wohnens zunehmender Beliebtheit. Sowohl in Alten- und Pflegeheimen als auch im Bereich des betreuten Wohnens arbeiten Pädagoginnen und Pädagogen daran, die Autonomie und Eigenständigkeit aber auch die soziale Einbindung und die Lebensqualität der älteren Bewohnerinnen und Bewohner zu steigern. Auf ähnliche Ziele fokussieren die Wohnberatungsstellen (ca. 230 in Deutschland), welche ältere Menschen bei der altersadäquaten Anpassung von Wohnraum beraten.

Merksatz

Aufgaben der Geragogik oder pädagogischen Altenarbeit sind die Aktivierung von Ressourcen, die Förderung von Aktivitäten und die Ermöglichung von Autonomie und sozialer Einbindung im Rahmen der stationären oder teilstationären Altenhilfe, der offenen Altenarbeit und der Weiterbildung für Seniorinnen und Senioren.

Altenarbeit

Bei Angeboten der offenen Altenarbeit, etwa in Seniorencafés oder Seniorenbüros sowie im Bereich der dezidierten Angebote für ältere Menschen, die von den öffentlichen und freien Trägern angeboten werden, steht ebenfalls die Aktivierung von Ressourcen, die Förderung von Aktivitäten und die Ermöglichung von Autonomie und sozialer Einbindung im Mittelpunkt.

Altenbildung

Pädagoginnen und Pädagogen sind aber auch in der Schaffung von Angeboten der Weiterbildung für Seniorinnen und Senioren aktiv (Klingenberger 1996).

Beispiel

Beispielhaft für einen fast gänzlich selbst verwalteten Bereich der Weiterbildung für Ältere ist die Akademie für Ältere in Heidelberg, welche auch auf Seiten der Dozentinnen und Dozenten auf ältere Menschen setzt, die ihre Kompetenzen für ihre Altersgenossinnen und -genossen zur Verfügung stellen und somit alterstypisches und spezifisches Lernverhalten fördern.

Sozialpädagogik und Soziale Arbeit: Soziale Prozesse gestalten

Dritte Instanz

Die Sozialpädagogik versteht sich als dritte Instanz neben der Familie und der Schule, die von der Gesellschaft installiert wird, um die Risiken derselben abzufedern (Schilling 2007).

Terminus Soziale Arbeit

Zunächst entstand die Sozialpädagogik als konkrete Antwort auf klassische Notsituationen oder Armutslagen; lange Zeit beschränkte sie sich auch auf diese Aufgaben. Diese wurden zumeist in materielle und in sittliche Notlagen unterschieden, woraus einige AutorInnen eine Unterscheidung in Erwachsenenfürsorge und Kinder- und Jugendfürsorge beziehungsweise in Sozialarbeit und Sozialpädagogik ableiteten. In einer solchen Zweiteilung, so etwa bei Schilling (2007), richtete sich die Sozialarbeit eher an den bedürftigen Erwachsenen, während die Sozialpädagogik die Not der Heranwachsenden angesichts der durch die Industrialisierung aufgeworfenen Probleme lindern wollte. Andere Autorinnen und Autoren rücken die Sozialpädagogik in die Nähe der Pädagogik und sprechen von „Sozialerziehung", während die Sozialarbeit zur Sozialpolitik gestellt und als „Sozialfürsorge" umschrieben wird. Derzeit dient der Terminus „Soziale Arbeit" zumeist als gemeinsamer Oberbegriff von Sozialarbeit und Sozialpädagogik. Die Soziale Arbeit des Informationszeitalters versteht sich als Disziplin, welche allen Bevölkerungsgruppen Orientierungs- und Handlungswissen zur Verfügung stellt.

Prophylaxe statt Metyphylaxe

In der Sozialpädagogik vollzog sich ein Paradigmenwechsel weg von der Nothilfe hin zur Prophylaxe. Angesichts der radikalen Pluralität und der sich stets weiter ausdifferenzierenden Gesellschaft (→ Kap. 2.4) fehlen gesamtgesellschaftlich geltende Entwürfe, welche durch eine Einbindung in ein verbindliches Wertesystem das (soziale) Handeln normieren würden. Somit sind die Grenzen zwischen so genannten problematischen und auffälligen Lebensumgebungen und dem normalen Lebensvollzug oftmals nicht mehr klar auszumachen. Auf diese veränderte Sichtweise der Gesellschaft reagieren viele sozialpädagogische Theorien, welche nicht nur ein Ansetzen am Individuum, sondern auch eine sozialpolitische Option für eine strukturelle Veränderung der Gesellschaft fordern, um auf diese Weise optimale Voraussetzungen für alle Gesellschaftsmitglieder zu schaffen.

Doppeltes Mandat

Prinzipiell ist die Sozialpädagogik durch ein doppeltes Mandat gekennzeichnet. Zum einen gewährt sie dem Einzelnen Hilfe bei der Entwicklung seiner individuellen Persönlichkeit, zum anderen versteht sie sich auch als Anwalt der Gesellschaft und übernimmt Kontrollfunktionen, wobei sie prinzipiell gesellschaftliche Strukturen kritisch begleitet.

Methoden

Aus den USA kommend arbeitete die Sozialpädagogik ursprünglich mit der klassischen Methodentrias, die zunehmend aufgebrochen wurde – insbesondere in den 1970er Jahren durch die Methodenkritik – und einer Vielzahl einzelner Methoden der Sozialpädagogik wich. Abbildung 13 zeigt die klassische Methodentrias, während Abbildung 14 darstellt, wie die einzelnen Arbeitsformen und Strukturen der modernen Sozialpädagogik systematisiert werden können (Schilling 2008).

Merksatz

Die Aufgabe der Sozialpädagogik ist, durch die Bereitstellung von Informationen, Begleitung, Förderung und Beratung möglichst allen Bevölkerungsgruppen und allen Individuen Hilfestellung bei der Entwicklung der einzigartigen Persönlichkeit zu bieten.

Haupttätigkeiten

Es können vier Haupttätigkeiten von Sozialpädagoginnen und -pädagogen ausgemacht werden, welche die klassischen (sozial)pädagogischen Tätigkeiten ‚Schützen', ‚Pflegen' und ‚Beraten' noch ausweiten (Schilling 2007):

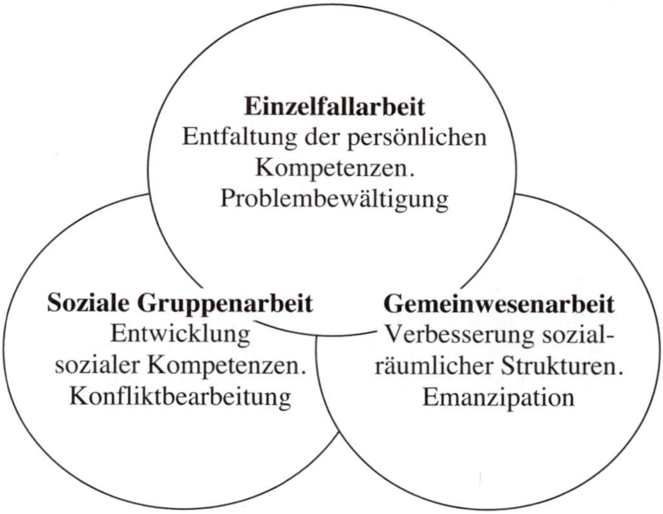

Abb. 13

Die klassische Methodentrias

Abb. 14

Struktur der Arbeitsformen, Verfahren und Tools der Sozialen Arbeit

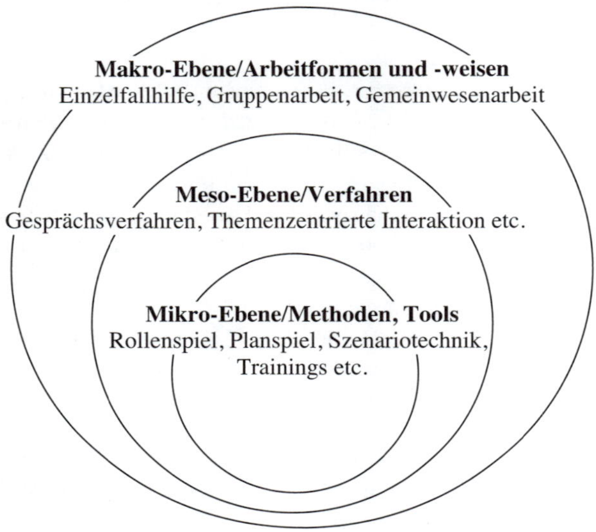

1 Lehren, Bilden, Bereitstellen von Informationen (etwa in der Altenbildung)

2 Animieren, Begleiten, Anregen (etwa bei der Anleitung von Kinderfreizeiten)

3 Fördern, persönlich Anleiten, Erziehen (etwa in der Behindertenhilfe)

4 Beraten, Hilfestellung bieten, Therapieren (etwa in der Eheberatung)

Gesundheitspädagogik: Gesundheit als Gut für alle Lebensalter

In den kommenden Jahren wird die Bedeutung der Gesundheitspädagogik zunehmen. Gesundheitspädagoginnen und -pädagogen finden ein großes Betätigungsfeld beispielsweise in Schulen und in Betrieben vor. Die Gesundheitspädagogik wird oft als Krankheitspädagogik missverstanden. Sie stützt sich jedoch nicht auf einen rein pathogenetisch gefassten Krankheitsbegriff, sondern geht von einem ganzheitlichen Verständnis von Gesundheit aus.

Gesundheitsbegriff

Wie Tabelle 23 zeigt, unterlag der Gesundheitsbegriff in den letzten Jahrzehnten einem sehr großen Bedeutungswandel.

Die Gesundheitspädagogik bedient sich eines sozialwissenschaftlichen oder salutogenetischen Gesundheitsbegriffs, der eher in den Blick rückt, was getan werden kann, um Gesundheit bei einzelnen Menschen zu fördern und weniger auf Krankheit fokussiert ist. Anders als beim medizinischen Modell wird die Verantwortung für Gesundheit auch an die Politik und an soziale Gebilde wie Betriebe und Schulen herangetragen.

Verschiedene Gesundheitsbegriffe im Vergleich | **Tab. 23**

	❶ **Medizinischer Gesundheitsbegriff**	❷ **Homöostatischer Gesundheitsbegriff**	❸ **Sozialwissenschaftlicher Gesundheitsbegriff**	❹ **Salutogenetischer Gesundheitsbegriff**
Definition von Gesundheit	Abwesenheit von Krankheit / „Noch-nicht-Krank-sein“	Leistungsfähigkeit in körperlicher und sozialer Hinsicht	Zustand des vollständigen körperlichen, geistigen und sozialen Wohlbefindens (WHO Gründungserklärung 1948)	Positive Bilanz auf dem Gesundheits-Krankheits-Kontinuum
Verursacher von Krankheit	Körperliche Auslöser und Risikofaktoren wie Bakterien, Viren, Gendefekte, Schadstoffe etc.	Aus dem Gleichgewicht geratene Parameter in körperlicher wie geistiger Hinsicht	Risikofaktoren in körperlicher, geistiger und sozialer Hinsicht (z. B. schlechte finanzielle Situation, Marginalisierung)	Krankheit entsteht, wenn die Stressoren die Widerstandsressourcen übersteigen Hauptressource ist das Kohärenzgefühl (Verstehbarkeit, Handhabbarkeit, Sinnhaftigkeit) (Antonovsky 1997)

Beispielsweise zeigt sich, dass primär Personen aus niedrigeren sozialen Schichten erkranken und früher sterben, was nach politischen und gesellschaftlichen Abhilfemaßnahmen verlangt.

Chronische Krankheiten

Auch die Abnahme von Akutkrankheiten und die gleichzeitige Zunahme von chronischen und degenerativen Krankheiten wie etwa Demenz, von psychosomatischen Erkrankungen wie etwa Krebs und von so genannten Zivilisationserkrankungen wie etwa Adipositas oder Diabetes bedingen eine sozialwissenschaftliche oder salutogenetische Herangehensweise an die Gesundheitsförderung, da oben genannte Krankheiten *allein* mit der klassischen Schulmedizin oftmals nicht vollständig geheilt werden können.

Mit der Zunahme von älteren Menschen in der Gesellschaft steigt der Anteil an Personen, die unter chronischen und nicht kurativ heilbaren

Krankheiten leiden. Aber auch bei schon sehr jungen Menschen sind chronische Krankheiten im Kommen, wie etwa die aktuellen Ergebnisse der KiGGS Studie beweisen.

Studie

Kindliche chronische Krankheiten nach der KiGGS Studie:

Im Rahmen der KiGGS Studie wird repräsentativ der Gesundheitszustand und die psychische Verfassung von Kindern zwischen 0 und 17 Jahren in Deutschland erfasst. Chronische Erkrankungen und Zivilisationskrankheiten wie etwa Adipositas / Fettsucht und Diabetes, bedingt durch sitzende Tätigkeiten und falsche Ernährung, sind in Deutschland nicht auf die ältere Generation beschränkt, sondern belasten zunehmend auch Kinder und Jugendliche. Durch den Anstieg an Stress in der Schule aber auch im Privatleben durch Scheidung der Eltern und angespannte finanzielle Situationen sind zunehmend mehr Kinder stark psychisch belastet oder verhaltensauffällig. Am häufigsten leiden Kinder an chronischer Bronchitis oder Neurodermitis (insgesamt 13 %), gefolgt von Heuschnupfen (11 %). Insgesamt 15 % der Kinder im Alter von drei bis 17 Jahren sind übergewichtig, davon 6,3 % adipös. Der Anteil der Übergewichtigen steigt mit dem Lebensalter auf bis zu 17 % bei den 14- bis 17-Jährigen. Im Vergleich zu den Jahren 1985 bis 1999 gibt es heute bis zu 50 % mehr Kinder und Jugendliche mit Übergewicht. Die Zahl der Heranwachsenden mit Adipositas hat sich sogar verdoppelt. Bei knapp 15 % der Kinder und Jugendlichen gibt es Hinweise auf Verhaltensauffälligkeiten und emotionale Probleme. Insgesamt 21,9 % der Kinder und Jugendlichen zeigen Symptome von Essstörungen – bei Mädchen liegt der Anteil bei 28,9 %, bei Jungen bei 15,2 %. Bei 4,8 % der Kinder und Jugendlichen haben Ärzte oder Psychologen Aufmerksamkeitsdefizits- / Hyperaktivitätsstörungen festgestellt (Robert Koch Institut 2006).

Gesundheitsförderung

Chronische und degenerative Krankheiten, psychosomatische Erkrankungen und Zivilisationserkrankungen müssen ganzheitlich behandelt, beziehungsweise vorbeugend verhindert werden. Ein Paradigmenwechsel hin zu Gesundheitsförderung oder Prävention ist hierbei unabdingbar. Chronische und degenerativen Krankheiten, psychosomatische Erkrankungen und Zivilisationserkrankungen sind im Gegensatz zu den Akutkrankheiten durch soziale und psychische Bedingungen zumindest stark mitbedingt und deshalb durch Änderungen auf der Einstellungs-

Verhaltens- und Verhältnisprävention | Tab. 24

	Verhaltensprävention	Verhältnisprävention
Ziel	Änderung individueller Verhaltensweisen	Änderung sozialer, ökologischer und ökonomischer Dimensionen
Ansatz	**1. Edukativer Ansatz:** Gesundheitserziehung / Gesundheitsbildung Frage, was krank macht (Risikofaktoren) – Aufklärung über Risikofaktoren – Fernhalten von Risikofaktoren – Gesundheit **2. Health-Belief-Ansatz** Einbeziehung nicht nur kognitiver, sondern auch motivationaler und emotionaler Aspekte Wenn ich weiß, dass etwas gesundheitsschädlich ist, dann unterlasse ich es nur, wenn ... ... ich glaube, dass ich anfällig bin ... ich glaube, dass mich dies beeinträchtigt ... ich eine hohe Kompetenzerwartung habe ... die Kosten-Nutzen-Abwägung positiv ist	**Settingansatz** Bereitstellung von Settings, die gesundheitsförderlich wirken – Gestaltung von Lebensräumen, Gesundheitsbezogene Beratung – Gestaltung von Lebensweisen (etwa gesunde Betriebe, gesunde Schulen, gesunde Alteneinrichtungen etc.)
Beispiel	*Aufklärung für Personen im Betreuten Wohnen über gesunde Ernährung*	*Einführung eines gesunden vollwertigen Essens im Betreuten Wohnen und Anlegen eines Biogartens, Förderung von sozialen Kontakten, um die Lebensqualität und die Lebenszufriedenheit zu steigern*

und Verhaltensseite gut präventiv verhinder- bzw. behandelbar. Sie sind im klassischen medizinischen Sinne nicht heilbar und führen zu einer lebenslangen Inanspruchnahme medizinischer Dienste.

In der präventiven Herangehensweise liegt die große Stärke der Gesundheitspädagogik. Es wird dabei die Verhaltensprävention von der Verhältnisprävention unterschieden (siehe Tab. 24).

Merksatz

Die Aufgabe der Gesundheitspädagogik ist die ganzheitliche Förderung der Gesundheit aller Bevölkerungsgruppen über eine präventive Beeinflussung individueller Verhaltensweisen sowie kognitiver, motivationaler und emotionaler Aspekte und die Änderung sozialer, ökologischer und ökonomischer Dimensionen, die als krankheitsauslösend gelten.

Gegenwärtig findet in der Gesundheitspädagogik ein Paradigmenwechsel statt, der von der Gesundheitserziehung kommend einen umfassenden Gesundheitsförderungsansatz propagiert, der gesunde Lebensräume zur Verfügung stellt (Hörmann 2004; Zwick 2004).

Zusammenfassung

Die Pädagogik richtet sich nicht nur an Kinder und Jugendliche, sondern bietet Menschen in allen Lebenslagen Hilfe bei der Entwicklung und im persönlichen Lebensvollzug. Neben den allgemeinen Zielen der Pädagogik, Emanzipation, Mündigkeit, Handlungsautonomie und Wohlbefinden des Einzelnen zu fördern, leistet Pädagogik auf den einzelnen Altersstufen Hilfestellung bei der Bewältigung der speziellen Entwicklungsaufgaben. Aufgaben der Elementar- oder Frühpädagogik sind die institutionelle Betreuung von kleinen Kindern außerhalb der Familie und die Beratung und Unterstützung von Kindern, Eltern und Familien, insbesondere bei besonderen Belastungen wie etwa Entwicklungsverzögerungen im Sinne einer ganzheitlichen Frühförderung. Aufgaben der Schulpädagogik sind die didaktische, curriculare und schultheoretische Erforschung der Erziehungswirklichkeit sowie ihre Verbesserung für alle an Lehr-Lernprozessen beteiligten Personen im Sinne einer Handlungswissenschaft. Aufgaben der Erwachsenenpädagogik oder der Erwachsenenbildung sind die Begleitung selbst organisierter Lern- und Entwicklungsprozesse unter den Aspekten Handlungsorientierung, Themenzentrierung und Problemorientierung. Aufgaben der Geragogik oder pädagogischen Altenarbeit sind die Aktivierung von Ressourcen, die Förderung von Aktivitäten und die Ermöglichung von Autonomie und sozialer Einbindung im Rahmen der stationären oder teilstationären Altenhilfe, der offenen Altenarbeit und der Weiterbildung für Seniorinnen und Senioren. Die Aufgabe der Sozialpädagogik ist, möglichst allen Bevölkerungsgruppen und Individuen Hilfestellung bei der Entwicklung der jeweils einzigartigen Persönlichkeit zu bieten. Dies geschieht durch die Bereitstellung von Informationen, Begleitung, Förderung und Beratung. Die Aufgabe der Gesundheitspädagogik ist die möglichst umfangreiche, ganzheitliche Förderung der Gesundheit aller Bevölkerungsgruppen über eine präventive Beeinflussung individueller Verhaltensweisen sowie kognitiver, motivationaler und emotionaler Aspekte und die Änderung sozialer, ökologischer und ökonomischer Dimensionen, die als krankheitsauslösend gelten.

Weiterführende Literatur

Hörmann, G. (2004): Einführung in die Gesundheitspädagogik. VS Verlag für Sozialwissenschaften, Wiesbaden

Hurrelmann, K. (Hrsg.) (2006): Gesundheitswissenschaften. 4. Aufl. Juventa, Weinheim / München

Zwick, E. (2004): Gesundheitspädagogik. Wege zur Konstituierung einer erziehungswissenschaftlichen Teildisziplin. Lit, Münster

Übungsaufgaben

1 Erläutern Sie, an welche Adressatengruppen sich die Elementarpädagogik, die Schulpädagogik und die Sozialpädagogik wenden und welche Ziele sie dabei verfolgen.

2 Welcher spezifischer didaktischer Methoden und Konzepte bedient sich die Erwachsenenpädagogik und Erwachsenenbildung?

3 Schildern Sie, warum die Geragogik in den kommenden Jahrzehnten zunehmend mehr Bedeutung im Rahmen der Pädagogik erhalten wird. Konzipieren Sie davon ausgehend ein pädagogisches Programm und Konzept, um älteren Bürgerinnen und Bürgern so lange als möglich Autonomie und soziale Einbindung zu gewährleisten.

4 Notieren Sie, welche Assoziation Sie spontan und intuitiv haben, wenn Sie den Begriff Gesundheit hören. Die meisten Personen assoziieren mit Gesundheit primär Begriffe, die eher mit dem Wortfeld Krankheit umschrieben werden könnten, wie etwa ‚Krankenhaus' und ‚Medizin'. Stellen Sie ausgehend von Ihren Assoziationen dar, wie sich der Gesundheitsbegriff gewandelt hat und welche Begriffsvorstellungen existieren.

5 Schildern Sie, welche Wege die Gesundheitspädagogik beschreitet, um Gesundheit als Gut für möglichst viele Menschen zu schaffen. Konzipieren Sie einen Ansatz, um Schulen gesundheitsförderlich im Sinne einer ganzheitlichen Gesundheitsförderung zu gestalten!

Die Antworten finden Sie unter www.reinhardt-verlag.de.

8 | Wie kommt die Pädagogik zu ihren Erkenntnissen? Eine Einführung in die wichtigsten Forschungsmethoden

Überblick

Das Kapitel „Wie kommt die Pädagogik zu ihren Erkenntnissen?" gibt einen Überblick über die wichtigsten Forschungsmethoden der Erziehungswissenschaften. Es bietet einen kurzen Abriss über den Ablauf wissenschaftlicher Forschung und die Erstellung von Forschungsdesigns und definiert Begriffe wie Objektivität, Reliabilität und Validität. Zunächst werden klassische Forschungsmethoden der Geisteswissenschaftlichen Pädagogik vorgestellt, danach werden quantitative als auch qualitative empirische Forschungsmethoden exemplarisch diskutiert, welche der erziehungswissenschaftlichen Forschung zugrunde liegen.

8.1 | Gütekriterien pädagogischer wissenschaftlicher Forschung

Oftmals wird in der Pädagogik die Frage gestellt, welche Aussagen über die Erziehungs- und Bildungswirklichkeit als wissenschaftlich fundiert gelten können.

Beispiel

In Jugendmagazinen finden sich vielfach Fragebögen, die vorgeben, verlässlich Auskunft über „Deinen Beziehungstyp" oder „Dein Lernverhalten" zu geben oder Umfrageergebnisse, die sich auf die Auswertung von Leserantworten und -zuschriften stützen und etwa Auskunft über Zukunftswünsche oder das Sexualverhalten der jungen Leserinnen und Leser geben. Frauenzeitschriften warten mit Tests zum „Stressverhalten in Arbeitssituationen“ auf und mit Experten, die Tipps zum Weiterbildungsverhalten und zur Beziehungsgestaltung bieten und Leserfragen zur Kindererziehung beantworten.

Wissenschaftliches Forschungsdesign

Sind all jene Fragebögen, Tests, Umfrageergebnisse und Expertenmeinungen als wissenschaftlich fundierte Instrumente, Ergebnisse und Aussagen zu sehen? Laien unterliegen oftmals dem Fehler, dass sie sich durch eine wissenschaftliche Aufbereitung von Tests, wie sie etwa Fragebögen darstellen („Kreuzen Sie jeweils A, B oder C an und zählen sie dann die Anzahl der jeweils genannten Alternativen zusammen ...), durch eine scheinbar wissenschaftliche Fundierung, etwa durch hohe Antwortzahlen („mehr als 2.000 Leser haben geantwortet ...“) oder durch Expertentitel beeindrucken lassen („Prof. Dr. Dr. Siebengescheit fordert, dass ...“). Wissenschaftlich fundierte Forschung zeichnet sich jedoch durch einen wissenschaftlichen Forschungsprozess oder ein wissenschaftliches Forschungsdesign aus, das heißt durch systematisches, fundiertes Vorgehen auf dem Weg zur wissenschaftlichen Erkenntnis.

Entdeckungszusammenhang

- Präzise Formulierung von Fragestellungen, die aus Theorien abgeleitet sind
- Ableitung von Hypothesen (Aussagen, die durch die Forschung überprüft werden)
- Operationalisierung der Hypothesen (Formulierungen müssen so gewählt sein, dass man die Hypothesen durch wissenschaftliche Methoden auch tatsächlich überprüfen kann)

Begründungszusammenhang

- Erstellung eines Forschungsdesigns, das auf die Fragestellungen zugeschnitten ist (z.B. Entscheidung zwischen Längsschnittdesign (Erhebung des Datenmaterials zu mehreren Zeitpunkten und Bezug der Daten aufeinander) und Querschnittdesign (Erhebung des Datenmaterials zu einem Zeitpunkt))
- Auswahl einer bestimmten Forschungsmethode (z.B. geisteswissenschaftlich, hermeneutisches Verfahren, quantitatives Verfahren, qualitatives Verfahren)

- Entscheidung über die Stichprobenauswahl (z.B. repräsentative Stichprobe, das heißt die Stichprobe bildet genau die Proportionen der Population ab; Extremgruppenvergleich etc.)

Verwertungszusammenhang

Anwendung der Forschungsergebnisse in der täglichen pädagogischen Praxis. Diese Anwendung liegt nicht mehr im Einflussbereich der wissenschaftlichen Forschung.

Sowohl das wissenschaftliche Forschungsdesign als auch die wissenschaftlichen Forschungsmethoden sollen anhand der Frage, welche Werte Jugendlichen wichtig sind, exemplarisch verdeutlicht werden.

Beispiel

Abgeleitet etwa aus der Wertetheorie nach Shalom Schwartz wird die Frage formuliert, welche Werte Jugendlichen wichtig sind. Es werden die Hypothesen aufgestellt, dass es primär soziale Werte sind, wie Mildtätigkeit und Universalismus und weniger selbstbezogene Werte wie etwa Macht und Leistung. Dabei sollen verschiedene Altersgruppen zwischen zwölf und 18 Jahren sowohl querschnittlich erfasst als auch längsschnittlich über drei Jahre hinweg begleitet werden. Im Sinne eines holistischen Vorgehens werden sowohl geisteswissenschaftlich-hermeneutische Verfahren als auch empirische quantitative Verfahren und qualitative Verfahren angewandt (→ Kap. 8.2 bis 8.4). Es wird sowohl eine für die deutschsprachigen Länder repräsentative Stichprobe gewählt als auch ein Extremgruppenvergleich zwischen jungen Menschen mit und ohne Migrationshintergrund.

Gütekriterien wissenschaftlicher Forschung

Als Gütekriterien wissenschaftlicher Forschung, insbesondere bei Fragebögen und sonstigen Testverfahren, gelten Objektivität, Reliabilität und Validität.

Objektivität

Die Objektivität definiert, inwiefern die gefundenen Ergebnisse sowohl von der Person des Untersuchers oder der Untersucherin als auch von der spezifischen Untersuchungssituation unabhängig sind.

Reliabilität

Die Reliabilität macht Aussagen darüber, wie genau oder zuverlässig ein Verfahren das Merkmal misst, das es zu messen vorgibt.

Die Validität schließlich gibt an, ob das Verfahren tatsächlich das misst, was es messen soll.

Validität

Beispiel

Ein Fragebogen zur Wertorientierung ist dann objektiv, reliabel und valide, wenn er unabhängig davon, wer Untersuchungsleiter ist und unabhängig zum Beispiel von der Raumgestaltung (Objektivität) tatsächlich Wertorientierungen erfasst und nicht etwa soziale Erwünschtheit oder Intelligenz, weil der Bogen so kompliziert formuliert ist, dass ihn nur intelligente Personen korrekt ausfüllen können (Validität) und wenn er auch bei mehrmaliger Vorgabe stets die gleichen Ergebnisse erbringt (Reliabilität).

In den Kapiteln 8.2 bis 8.4 werden die hauptsächlichen wissenschaftlichen pädagogischen Forschungsmethoden dargestellt. Die hier vorgestellten Methoden sollen als erste grobe Orientierungshilfe fungieren, um Studien und Fachartikel besser hinsichtlich ihres wissenschaftlichen Gehalts einordnen zu können. Ein vertiefender Blick in die Literatur zum Bereich Forschungsmethoden ist jedoch nötig, um eigene Forschung wissenschaftlich zu begründen.

Merksatz

Wissenschaftlich fundierte Forschung zeichnet sich durch ein Forschungsdesign aus, das durch die Formulierung von Fragen, die Ableitung von operationalisierten Hypothesen und eine darauf abgestimmte Auswahl von Forschungsmethoden gekennzeichnet ist.

8.2 Geisteswissenschaftliche Forschungsmethoden

Ziel der Geisteswissenschaftlichen Pädagogik ist das „Verstehen" im Sinne einer Reflexion der Lebensäußerungen von Menschen im Rahmen ihrer gesellschaftlichen, kulturellen und sozialen Hintergründe.

„Verstehen"

Die Hermeneutik als Kunst der Auslegung geht auf Schleiermacher zurück. Als Methode wird die verstehende Hermeneutik im Sinne einer interpretierenden Methode genutzt, um etwa Menschen in ihren Orientierungen oder ihren Werten zu verstehen. Dies kann zum Beispiel durch die Interpretation von biographischen Texten, Tagebuchaufzeichnungen, kulturellen Äußerungen oder ähnlichem geschehen (→ Kap. 1.3).

Hermeneutik

Die Auslegung der Lebensäußerungen erfolgt dabei im hermeneutischen Zirkel. Hierbei erfolgt die Interpretation immer in Abhängigkeit vom entsprechenden Vorverständnis des Forschers, das sich durch die

Hermeneutischer Zirkel

Merksatz

Die Geisteswissenschaftliche Pädagogik bedient sich der Hermeneutik im Sinne einer Auslegung oder Interpretation von biographischen Texten, Tagebuchaufzeichnungen, kulturellen Äußerungen oder ähnlichem, um menschliches Denken und Handeln zu verstehen.

neu hinzugewonnenen Erkenntnisse stets verfeinert und erweitert und somit ein tieferes Verstehen bedingt. Genau diese Anbindung an die Vorerfahrung des Forschers und damit die mangelnde Objektivität wird der geisteswissenschaftlichen Forschung als Hauptkritikpunkt entgegengebracht.

Beispiel

Im Rahmen der oben geschilderten Wertestudie würde ein hermeneutisch-geisteswissenschaftlich arbeitender Pädagoge etwa versuchen, die Wertorientierung der jungen Generation über die Interpretation von Tagebuchaufzeichnungen, Zimmereinrichtungen, besuchte Kinofilme, Fernseh- und Freizeitverhaltensweisen sowie der Jugendkultur und Jugendsprache verstehend herauszukristallisieren.

8.3 | Quantitative empirische Forschungsmethoden

„Erklären“

Ziel der empirischen Erziehungswissenschaft ist das „Erklären“ also die Beschreibung, Erklärung und Vorhersage von objektiv gegebener Erziehungswirklichkeit. Hierzu werden objektive, analytische, quantitative Methoden, welche den wissenschaftlichen Gütekriterien Objektivität, Reliabilität und Validität verpflichtet sind, eingesetzt (→ Kap. 1.3).

Befragung

Befragungen können durch standardisierte Interviews mündlich oder mithilfe von Fragebögen schriftlich erfolgen. Die Fragen können entweder durch die Vorgabe von Antwortkategorien vorstrukturiert sein (etwa Multiple Choice Fragen) oder zunächst offen gelassen werden und dann in einem Ratingverfahren auf Kategorien reduziert werden. Eine Sonderform von Fragebögen sind wissenschaftliche Tests (etwa Intelligenztests), in denen eine Verhaltensstichprobe (etwa intelligentes Verhalten) provoziert wird, um darüber Rückschluss auf die Merkmalsausprägung zu erhalten (etwa Intelligenz).

Experiment

Beim Experiment werden eine oder mehrere Bedingungsvariablen (unabhängige Variable) für Verhalten systematisch variiert, um den Effekt auf das Verhalten des Menschen (abhängige Variable) zu überprüfen. Zumeist wird das Verhalten vor der Intervention und nach der Intervention hinsichtlich der Veränderung der Bedingungsvariablen gemessen. Zudem wird das Verhalten zu beiden Zeiten mit dem einer Kontrollgruppe verglichen, welche keine Intervention erfahren hat. Es werden Laborexperimente, welche unter sehr stark standardisierten Bedingungen durchgeführt werden (etwa die Messung von Leistungen unter verschiedenen Lärmbedingungen), von Feldexperimenten oder Quasiexperimenten unterschieden, bei denen in der Alltagssituation Variationen der Ausgangsbedingungen durchgeführt werden (etwa die Messung von Schülerleistungen nach der Einführung einer neuen Unterrichtsmethode). Während Laborexperimente einerseits eine größere Objektivität haben, sind sie andererseits schwerer in die Alltagswelt zu übertragen.

Beobachtung

Bei der Beobachtung werden Verhaltensweisen des Menschen entweder in künstlichen Situationen unter bestimmten Bedingungen oder in Feldbeobachtungen erfasst. Der Beobachter ist in der teilnehmenden Beobachtung teilhabendes Subjekt am Gruppenprozess und in der nichtteilnehmenden Beobachtung Außenstehender, welcher Aufzeichnungen vornimmt. Vor der Beobachtung erfolgt eine systematische Strukturierung möglicher Verhaltensweisen (Atteslander 2003).

Beispiel

Im Rahmen der oben geschilderten Wertestudie würde ein empirisch arbeitender Forscher entweder versuchen, die Wertorientierung der jungen Generation über Interviews und Fragebögen zu erfassen, oder über Laborexperimente oder Feldexperimente, etwa indem er verschiedene Hilfesituationen simuliert und über das gezeigte Verhalten Aufschluss über die Wertorientierungen gewinnt, oder über teilnehmende oder nichtteilnehmende Beobachtung etwa im Rahmen einer Jugendgruppe, in der gerade über Hilfsmaßnahmen für schwächere Schüler diskutiert wird.

Statistik

Die mithilfe von quantitativen Forschungsmethoden gesammelten zumeist numerischen Daten werden mit statistischen Auswertungen (beispielsweise mit Hilfe des Auswertungsprogramms SPSS, dem Statistikprogramm für Sozialwissenschaftler) aufbereitet, um die Ergebnisse in numerischer Form zugänglich zu machen. Statistische Grundkenntnisse sind notwendig, um quantitativ ausgerichtete Forschungsergebnisse bewerten, interpretieren und hinsichtlich ihrer Bedeutsamkeit einordnen zu können. Prinzipiell wird eine deskriptive von einer inferenzstatistischen Auswertung unterschieden.

Deskriptive Statistik

Bei der deskriptiven oder beschreibenden Statistik werden die erhobenen Daten statistisch zusammengefasst. Die Daten der Stichprobe werden dabei tabellarisch, grafisch oder durch bestimmte Kenngrößen dargestellt. Die bekanntesten Kennzahlen zur Beschreibung einer Stichprobe sind etwa der Mittelwert sowie die Standardabweichung vom Mittelwert. Der Mittelwert gibt den durchschnittlichen Wert an, den die Elemente einer Stichprobe hinsichtlich eines bestimmten Kriteriums erreichen und berechnet sich aus der Summe aller Werte dividiert durch die Anzahl der Mitglieder der Stichprobe. Die Standardabweichung gibt an, wie groß der Bereich ist, in welchem 95 % der Mitglieder der Stichprobe hinsichtlich der Ausprägung eines Merkmals liegen. Tabelle 25 zeigt die drei grundsätzlichen Möglichkeiten der Darstellung von Stichprobenverteilungen im Rahmen der deskriptiven Statistik anhand des Beispiels der Notenverteilung in einer Schulklasse.

Inferenzstatistik

Die Inferenzstatistik oder induktive Statistik macht mithilfe der Daten der Stichprobe Aussagen über die Beschaffenheit der Grundgesamtheit hinsichtlich eines bestimmten Merkmals, etwa zur Ausprüfung des Merkmals der Intelligenz in der Bevölkerung insgesamt. Außerdem können unterschiedliche Stichproben hinsichtlich eines bestimmten Merkmals miteinander verglichen oder Aussagen zum Zusammenhang hinsichtlich bestimmter Merkmale getroffen werden. Bei der induktiven Statistik werden Zusammenhangsmaße und Vergleichsmaße berechnet. Korrelationen oder Zusammenhangsmaße bestimmen den Zusammenhang zwischen zwei Variablen. Es werden Aussagen darüber gemacht, wie sehr zwei Merkmale, etwa Intelligenz und Kreativität, miteinander verknüpft sind. Ab einem Korrelationskoeffizienten r von 0,4 spricht man von einer mittleren Korrelation, ab einem r von 0,6 von einer starken und ab einem r von 0,8 von einer sehr starken Korrelation. Positive

Tab. 25 | Drei deskriptive Auswertungsmöglichkeiten

Darstellungsmöglichkeiten der Notenverteilung in einer Schulklasse

Tabellarische Darstellung

Note	Anzahl
1	3
2	7
3	8
4	5
5	2
6	1

Grafische Darstellung

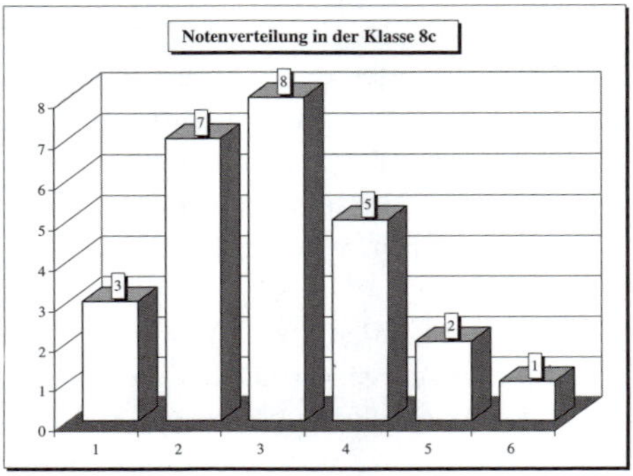

Kenngrößendarstellung

Mittelwert aller Noten:
M = 3,08

Korrelationen besagen, dass das eine Merkmal wahrscheinlicher mit einem anderen einhergeht, negative Korrelationen, dass das Merkmal unwahrscheinlicher auftritt, wenn das andere Merkmal vorliegt. Vergleichsmaße vergleichen die Mittelwerte zwischen unterschiedlichen Stichproben oder zwischen einer Stichprobe und einer Grundgesamtheit, etwa wie sehr sich Männer und Frauen in der Wertschätzung der Kreativität unterscheiden. Sowohl bei den Zusammenhangsmaßen als auch bei den Vergleichsmaßen (etwa durch T-Tests oder Varianzanalysen) geben die Signifikanzniveaus Auskunft darüber, ob zwei Merkmale statistisch signifikant, das heißt überzufällig miteinander zusammenhängen oder sich unterscheiden. Folgende Maßzahlen werden hierzu gebraucht:

Merksatz

Die empirische Erziehungswissenschaft bedient sich quantitativer Methoden (Interviews, Fragebögen, Laborexperimente, Feldexperimente, teilnehmende und nichtteilnehmende Beobachtung), um Verhalten und Erleben zu beschreiben, zu erklären und vorherzusagen.

Bedeutung der Signifikanzniveaus:

>.05 = keine Signifikanz: der Zusammenhang bzw. der Unterschied kann auch zufällig zustande gekommen sein
<.05* = Signifikanz: der Zusammenhang bzw. der Unterschied ist statistisch bedeutsam; diese Bedeutsamkeit kann mit einer Wahrscheinlichkeit von 95 % angenommen werden (Irrtumswahrscheinlichkeit für die geprüfte Aussage: 5 %)
<.01 = hohe Signifikanz**: der Zusammenhang bzw. der Unterschied ist statistisch hoch bedeutsam; diese hohe Bedeutsamkeit kann mit einer Wahrscheinlichkeit von 99 % angenommen werden (Irrtumswahrscheinlichkeit für die geprüfte Aussage: 1 %)
<.001* = höchste Signifikanz**: der Zusammenhang bzw. der Unterschied ist statistisch hoch bedeutsam; diese höchste Bedeutsamkeit kann mit einer Wahrscheinlichkeit von 99,9 % angenommen werden (Irrtumswahrscheinlichkeit für die geprüfte Aussage: 0,1 %) (Bortz 1999; Bortz/Döring 2005).

Qualitative empirische Forschungsmethoden | 8.4

Die kritische Erziehungswissenschaft kritisiert sowohl die geisteswissenschaftliche Pädagogik als auch die empirische Erziehungswissenschaft, da beide das Individuum zum Objekt degradierten. Sie bedient sich eher qualitativer Methoden und trennt im Sinne einer Aktions- oder Handlungsforschung nicht streng zwischen dem Begründungszusammenhang und dem Verwertungszusammenhang. Sie will also erzieherische Wirklichkeit beschreiben und gleichzeitig zusammen mit den Akteuren verändern. Sie knüpft den Bogen zwischen der Hermeneutik und den empirischen quantitativen Methoden (→ Kap. 1.3). Qualitative Methoden können etwa qualitative Interviews, Lebensweltanalysen oder auch teilnehmende Beobachtungen sein.

Qualitative Interviews

In qualitativ ausgerichteten Tiefeninterviews geben die Befragten auf offene Fragen zunächst freie Antworten, die auf Nachfragen hin erst präzisiert und ergänzt werden.

Lebensweltanalyse

Die Lebensweltanalyse geht vom Alltagshandeln des Einzelnen aus und rekonstruiert zusammen mit den Beteiligten Bedeutungs-, Erlebens- und Handlungsmuster, etwa in der Analyse von Zeichnungen etc.

Teilnehmende Beobachtung

Die unstrukturierte, teilnehmende Beobachtung, bei der der Forscher gänzlich in die Lebenswelt des Einzelnen eintaucht, vermittelt ihm Deutungsmuster und Handlungsoptionen.

Beispiel

Im Rahmen der oben geschilderten Wertestudie würden Anhänger der Kritischen Erziehungswissenschaft versuchen, sich der Werteorientierung Jugendlicher in qualitativ ausgerichteten Tiefeninterviews zu nähern, in welchen die Jugendlichen etwa in einer Gruppendiskussion selbst über das berichten können, was ihnen im Leben wichtig ist. In einer Lebensweltanalyse würden zusammen mit den Beteiligten wichtige Lebensbereiche herausgearbeitet und in einer teilnehmenden Beobachtung würde die Forscherin etwa eine Woche lang in einer Jugendclique türkischer Mädchen mitleben.

Merksatz

Die kritische Erziehungswissenschaft bedient sich qualitativer Methoden (Tiefeninterviews, teilnehmende Beobachtung, Lebensweltanalyse), um Verhaltens- und Erlebenswelten des Individuums herauszukristallisieren.

Zusammenfassung

Das Kapitel „Wie kommt die Pädagogik zu ihren Erkenntnissen?“ gibt einen Überblick über die wichtigsten Forschungsmethoden der Erziehungswissenschaften. Wissenschaftlich fundierte Forschung zeichnet sich durch ein Forschungsdesign aus, das durch die Formulierung von Fragen, die Ableitung von operationalisierten Hypothesen und eine darauf abgestimmte Auswahl von Forschungsmethoden gekennzeichnet ist. Heute wird zumeist ein holistischer Forschungsansatz gewählt, der sich Methoden aus unterschiedlichen wissenschaftstheoretischen Schulen bedient. Die Geisteswissenschaftliche Pädagogik legt biographische Texte, Tagebuchaufzeichnungen, kulturelle Äußerungen oder ähnliches hermeneutisch aus und interpretiert diese, um menschliches Denken und Handeln zu verstehen. Die empirische Erziehungswissenschaft bedient sich quantitativer Methoden (Interviews, Fragebögen, Laborexperimente, Feldexperimente, teilnehmende und nichtteilnehmende Beobachtung) um Verhalten und Erleben zu beschreiben, zu erklären und vorherzusagen. Die kritische Erziehungswissenschaft benutzt qualitative Methoden (Tiefeninterviews, teilnehmende Beobachtung, Lebensweltanalyse), um Verhaltens- und Erlebenswelten des Individuums herauszukristallisieren.

Weiterführende Literatur

Lamnek, S. (Hrsg.) (1995): Qualitative Sozialforschung. Band 1 und Band 2. Beltz, Weinheim

Moser, H. (1995): Grundlagen der Praxisforschung. Lambertus, Freiburg

Übungsaufgaben

1 Stellen Sie die geisteswissenschaftliche Pädagogik mit ihrem Paradigma des Verstehens der empirischen Erziehungswissenschaft mit dem Paradigma des Erklärens gegenüber!

2 Schildern Sie, was unter dem Entdeckungs-, Begründungs- und Verwertungszusammenhang im Forschungsprozess verstanden wird.

3 Skizzieren Sie ein Forschungsdesign, welches sich der Frage annimmt, wie Jugendliche das Erziehungsverhalten ihrer Eltern erleben.

4 Erläutern Sie die unterschiedlichen Forschungsmethoden einer quantitativ ausgerichteten empirischen Erziehungswissenschaft.

5 Erklären Sie, was man unter den Gütekriterien wissenschaftlicher Forschung versteht.

Die Antworten finden Sie unter www.reinhardt-verlag.de.

Literatur

Ainsworth, M. D. S., Bell, M., Stayton, D. (1974): Infant-mother attachment and social development. In: Richards, M. P. (Ed.): The introduction of the child into a social world. Cambridge University Press, London, 99–135

–, Blehar, M. C., Waters, E., Wall, S. N. (1978): Patterns of attachment: A psychological study of the strange situation. Erlbaum, Hillsdale

Akademie für Lehrerfortbildung und Personalführung Dillingen (Hrsg.) (1999): Pädagogik. Materialien für das Studienseminar am Gymnasium. Akademiebericht Nr. 221. Akademie für Lehrerfortbildung und Personalführung Dillingen, Dillingen

Akademie für Lehrerfortbildung Dillingen (Hrsg.) (2004): Psychologie für das Studienseminar. Ein Manual für die Schulpraxis am Gymnasium. Akademiebericht Nr. 177. Akademie für Lehrerfortbildung und Personalführung Dillingen, Dillingen

Allen, J. P., Hauser, T., Bell, K. L., O'Connor, T. G. (1994): Longitudinal Assessment of Autonomy and Relatedness in Adolescent-Family Interactions as Predictors of Adolescent Ego Development and Self-Esteem. Child Development 65, 179–194

Antonovsky, A. (1997): Salutogenese. Zur Entmystifizierung der Gesundheit. Dgvt-Verlag, Tübingen

Ariès, P. (1978): Geschichte der Kindheit. Hanser, München

Arnold, R. (Hrsg.) (2003): Berufs- und Erwachsenenpädagogik. Schneider-Verlag Hohengehren, Baltmannsweiler

Atteslander, P. (2003): Methoden der empirischen Sozialforschung. de Gruyter, Berlin / New York

Bandura, A. (1979): Sozial kognitive Lerntheorie. Klett, Stuttgart

Bartels, A., Jenrich, H. (Hrsg.) (2004): Alt werden in Europa. Entwicklungen in der europäischen Altenhilfe. Mabuse, Frankfurt am Main

Baumrind, D. (1971): Current patterns of parental authority. Developmental Psychology Monographs 4, 2

Bayerisches Staatsministerium für Unterricht und Kultus (Hrsg.) (2008): Praxishandbuch zur Werteerziehung „Werte machen stark." Auer, Donauwörth

Beck, U. (1986): Risikogesellschaft. Auf dem Weg in eine andere Moderne. Suhrkamp, Frankfurt am Main

Bednorz, P., Schuster, M. (2002): Einführung in die Lernpsychologie. Ernst Reinhardt, München

Bertram, H. (Hrsg.) (2008): „Mittelmaß für Kinder. Der UNICEF-Bericht zur Lage der Kinder in Deutschland". Beck, München

Birgmeier, B. R. (2003): Soziale Arbeit: „Handlungswissenschaft", „Praxiswissenschaft" oder „Praktische Wissenschaft"? Überlegungen zu einer handlungstheoretischen Fundierung Sozialer Arbeit. diritto Esopa, Eichstätt

Bortz, J. (1999): Statistik für Sozialwissenschaftler. 5. Aufl. Springer, Berlin

–, Döring, N. (2005): Forschungsmethoden und Evaluation für Human- und Sozialwissenschaftler. 3. Aufl. Springer, Heidelberg

Bourdieu, P. (2007): Die feinen Unterschiede. Kritik der gesellschaftlichen Urteilskraft. Suhrkamp, Frankfurt am Main

Bower, G. H., Hilgard, E. R. (1983) Theorien des Lernens I. 5. Aufl. Auer, Donauwörth

Bowlby, J. (2008): Bindung als sichere Basis. Grundlagen und Anwendung der Bindungstheorie. Ernst Reinhardt, München

– (2006): Bindung. Ernst Reinhardt, München

– (2005): Frühe Bindung und kindliche Entwicklung. 5. Aufl. Ernst Reinhardt, München

Brezinka, W. (1990): Grundbegriffe der Erziehungswissenschaft. Analyse, Kritik, Vorschläge. Ernst Reinhardt, München

Bronfenbrenner, U. (1981): Die Ökologie der menschlichen Entwicklung. Natürliche und geplante Experimente. Klett-Cotta, Stuttgart

Dalin, P. (1997): Schule auf dem Weg in das 21. Jahrhundert. Luchterhand, Neuwied / Kriftel / Berlin

Edelmann, W. (2000): Lernpsychologie. 6. Aufl. Beltz, Weinheim

Eder, F. (1996): Schul- und Klassenklima. Ausprägung, Determinanten und Wirkungen des Klimas an höheren Schulen. Reihe: Studien zur Bildungsforschung und Bildungspolitik. 8. Studien-Verlag, Innsbruck / Wien

– (1989): Das Schul- und Klassenklima in der Wahrnehmung hochleistungsdisponierter Schüler. Zeitschrift für Pädagogische Psychologie 3, 109–122

Eibl-Eibesfeldt, I. (1991): Liebe und Hass. Zur Naturgeschichte elementarer Verhaltensweisen. Piper, München

Enright, R., Lapsley, D., Drivas, A., Fehr, L. (1980): Parental Influences on the Development of Adolescent Autonomy and Identity. Journal of Youth and Adolescence 9, 529–545

Erikson, E. H. (1976): Identität und Lebenszyklus. Suhrkamp, Frankfurt

Eysenck, S. B. G., Zuckerman, M. (1978): The relationship between sensationseeking and Eysencks dimensions of personality. British Journal of Psychology, 69, 483–487

Fend, H. (2006): Neue Theorie der Schule. Einführung in das Verstehen von Bildungssystemen. VS Verlag für Sozialwissenschaften, Wiesbaden

Gehlen, A. (1961): Anthropologische Forschung. Rowohlt, Reinbek bei Hamburg

Geissler, E. E. (1982): Erziehungsmittel. Klinkhardt, Bad Heilbrunn

Gensicke, T., Picot, S., Geiss, S. (Hrsg.) (2005): Freiwilliges Engagement in Deutschland 1999–2004. Ergebnisse der repräsentativen Trenderhebung zu Ehrenamt, Freiwilligenarbeit und bürgerschaftlichem Engagement: http: //www.bmfsfj.de/RedaktionBMFSFJ/Arbeitsgruppen/Pdf-Anlagen/freiwilligen-survey-langfassung,property=pdf, bereich=,rwb= true.pdf

Giddens, A. (2001): Die Frage der sozialen Ungleichheit. Suhrkamp, Frankfurt am Main

Goffman, E. (1969): Wir alle spielen Theater. Die Selbstdarstellung im Alltag. Piper, München

Griesbach, H., Lewin, K., Heublein, U., Sommer, D. (1998): Studienabbruch – Typologie und Möglichkeiten der Abbruchquotenbestimmung. HIS Kurzinformation. HIS, Hannover

Grusec, J. E., Goodnow, J. J., Kuczynski, L. (2000): New Directions in Analyses of Parenting Contributions to Children's Acquisition of Values. Child Development. 71 (1). 205–211

Hamann, B. (1993): Pädagogische Anthropologie. Theorien – Modelle – Strukturen. Eine Einführung. Klinkhardt, Bad Heilbrunn

Havighurst, R. J., Taba, H. (1963): Adolescent character and personality. Wiley, New York

Heublein, U., Schmelzer, R., Sommer, D. (2008): Die Entwicklung der Studienabbruchquote an den deutschen Hochschulen. Ergebnisse einer Berechnung des Studienabbruchs auf der Basis des Absolventenjahrgangs 2006. HIS Projektbericht. HIS, Hannover

Heydorn, H.-J. (1980): Bildungstheoretische Schriften. Ungleichheit für alle. Zur Neufassung des Bildungsbegriffs. Syndikat, Frankfurt

Hobbes, T. (1994): Vom Menschen, Vom Bürger. In: Philosophische Bibliothek Band 158. Meiner, Hamburg

Honig, M. S. (1999): Entwurf einer Theorie der Kindheit. Suhrkamp, Frankfurt am Main

Hopf, W. (2004): Sozialwirksame Schule: ein neues Konzept pädagogischer Schulentwicklung. Schulkultur, soziales Lernen und Gewaltprävention – Teil I. In: SchulVerwaltung spezial, 12, 19–22

– (2001): Sozialwirksame Schule: ein neues Konzept pädagogischer Schulentwicklung. Schulklima, soziale Kompetenzen und Gewaltprävention – Teil I. In: SchulVerwaltung BY 12, 412–417

Huppertz, N., Schinzler, E. (1995): Grundfragen der Pädagogik. Eine Einführung für sozialpädagogische Berufe. Stam, Köln / München

Hurrelmann, K., Bründel, H. (2003): Einführung in die Kindheitsforschung. Beltz, Weinheim

–, Ulich, D. (Hrsg.) (1999): Neues Handbuch der Sozialisationsforschung. 5. Aufl. Beltz, Weinheim

Kahle, W. (1991): Taschenatlas der Anatomie 3. Nervensystem und Sinnesorgane. 6. Aufl. Thieme, Stuttgart

Kay, E. K. S. (1908): Das Jahrhundert des Kindes. Studien. 14. Aufl. Fischer, Berlin

Klafki, W. (2007): Neue Studien zur Bildungstheorie und Didaktik. Beiträge zur kritisch-konstruktiven Didaktik. 6. Aufl. Beltz, Weinheim

– (2002): Schultheorie, Schulforschung und Schulentwicklung im politisch-gesellschaftlichen Kontext. Ausgewählte Studien. Beltz, Weinheim

– (1996): Neue Studien zur Bildungstheorie und Didaktik – Zeitgemäße Allgemeinbildung

und kritisch-konstruktive Didaktik. 5. Aufl. Beltz, Weinheim
–, Braun, K.-H. (2007): Wege pädagogischen Denkens. Ein autobiographischer und erziehungswissenschaftlicher Dialog. Ernst Reinhardt, München / Basel
Klingenberger, H. (1996): Handbuch Altenpädagogik. Aufgaben und Handlungsfelder der ganzheitlichen Geragogik. Klinkhardt, Bad Heilbrunn
Kohlberg, L. (2001): Moralstufen und Moralerwerb. Der kognitiv-entwicklungstheoretische Ansatz. In: Edelstein, W., Oser, F., Schuster, P. (Hrsg.) (2001): Moralische Erziehung in der Schule. Entwicklungspsychologie und pädagogische Praxis. Beltz, Weinheim, 35–61
– (1986): Der „Just-Community"-Ansatz der Moralerziehung in Theorie und Praxis. In: Oser, F., Fatke, R., Höffe, O. (Hrsg.): Transformation und Entwicklung. Grundlagen der Moralerziehung. Suhrkamp, Frankfurt am Main, S. 21–55
Köller, O. (2005): Die Deutsche Schule im Lichte internationaler Schulleistungsuntersuchungen (TIMSS, PISA, IGLU). In: Apel, H. J., Sacher, W. (Hrsg.): Studienbuch Schulpädagogik. 2. überarbeitete und erweiterte Auflage. Klinkhardt, Bad Heilbrunn, S. 133–147
Kron, F. W. (2008): Grundwissen Didaktik. 5. Aufl. Ernst Reinhardt, München
Krüger, H.-H. (2005): Erziehungswissenschaft. In: Otto, H.-U., Thiersch, H. (Hrsg.): Handbuch Sozialarbeit / Sozialpädagogik, 3. Aufl. Ernst Reinhardt, München, S. 463–472
– (1997): Erziehungswissenschaft in Theorien und Methoden. Leske + Budrich, Opladen
Lamborn, D., Mounts, N. S., Steinberg, L., Dornbusch, M. (1991): Patterns of Competence and Adjustment among Adolescents from Authoritative, Authoritarian, Indulgent, and Neglectful Families. Child Development 62, 1049–1065
Lashley, K. S. (1950): In search of the engram. Symposia of the Society for Experimental Biology 4, 454–482
Latzko, B. (2006): Werteerziehung in der Schule. Regeln und Autorität im Schulalltag. Barbara Budrich, Opladen
Lauper, E. (2008): Ganzheitliche Erwachsenenbildung. Manual für die Unterrichtsplanung. 2. Aufl. Neues Lernen, Wallisellen
LBS-Initiative Junge Familie (Hrsg.) (2002): Kindheit 2001 – Das LBS-Kinderbarometer. Was Kinder wünschen, hoffen und befürchten. Leske und Budrich, Opladen
Lenzen, Dieter (Hrsg.) (1989): Pädagogische Grundbegriffe. Rowohlt, Reinbek
Locke, J. (1996): Versuch über den menschlichen Verstand. Meiner, Hamburg
Marcia, J. E. (1993): The status of the statuses: Research review. In J. E. Marcia, A. S. Waterman, D. R. Matteson, S. L. Archer, J. L. Orlofsky (Eds.): Ego identity. A handbook for psychosocial research. Springer, New York, 22–41
Matthes, E. (Hrsg.) (2004): Werteorientierter Unterricht – eine Herausforderung für die Schulfächer. Auer, Donauwörth
Mead, G. H. (1978): Geist, Identität und Gesellschaft. Suhrkamp, Frankfurt am Main
Miller, A. (1980): Am Anfang war Erziehung. Suhrkamp, Frankfurt am Main
Milz, I. (1999): Montessori-Pädagogik neuropsychologisch verstanden und heilpädagogisch praktiziert. Borgmann, Dortmund
Montessori, M. (1996): Grundlagen meiner Pädagogik. Quelle & Meyer, Wiesbaden
– (1989): Die Macht der Schwachen. Herder, Freiburg / Basel / Wien
Neill, A. S. (1996): Theorie und Praxis der antiautoritären Erziehung. Das Beispiel Summerhill. Rowohlt, Reinbek
– (1973): Neill, Neill, Birnenstiel! Erinnerungen von A. S. Neill. Rowohlt, Reinbek
Oerter, R., Montada, L. (2002): Entwicklungspsychologie. Ein Lehrbuch. 5. Aufl. Beltz, Weinheim
Oser, F., Althof, W. (2001b): Moralische Selbstbestimmung. Modelle der Entwicklung und Erziehung im Wertebereich. Ein Lehrbuch. 4. Aufl. Klett-Cotta, Stuttgart
Oswald, P., Schulz-Benesch, G. (1993): Grundgedanken der Montessori-Pädagogik. Aus Maria Montessoris Schrifttum und Wirkkreis. Herder, Freiburg / Basel / Wien
Overwien, B., Prengel, A. (Hrsg.) (2007): Recht auf Bildung. Zum Besuch des Sonderberichterstatters der Vereinten Nationen in Deutschland. Barbara Budrich, Opladen
Parsons, T. (1985): Das System moderner Gesellschaften. Beltz, Weinheim
PISA-Konsortium Deutschland (Hrsg.) (2004): PISA 2003. Der Bildungsstand der Jugendlichen in Deutschland – Ergebnisse des zweiten internationalen Vergleichs. Waxmann, Münster
Robert Koch Institut (2006): Erste Ergebnisse der KiGGS-Studie. Robert Koch Institut, Berlin

– (Hrsg.) (2004): Selbsthilfe im Gesundheitsbereich, Gesundheitsberichterstattung des Bundes (Heft 23). Robert Koch Institut, Berlin

Rosa, H., Strecker, D., Kottmann, A. (2007): Soziologische Theorien. UVK Verlagsgesellschaft, Konstanz

Rousseau, J.-J. (1971): Emile oder über die Erziehung. Schöningh, Paderborn

Rutschky, K. (Hrsg.) (1977): Schwarze Pädagogik. Quellen zur Naturgeschichte der bürgerlichen Erziehung. Ullstein, Berlin / Frankfurt / Wien

Rychen, D. S., Salganik, L. H. (2001): Defining and Selecting Key Competencies. Hogrefe, Göttingen

Sauter, A., Sauter, W. (2002): Blended Learning. Effiziente Integration von E-Learning und Präsenztraining. Luchterhand, Neuwied

Schilling, J. (2008): Didaktik / Methodik Sozialer Arbeit. Grundlagen und Konzepte. 5. Aufl. Ernst Reinhardt, München / Basel

– (2000): Anthropologie. Menschenbilder in der Sozialen Arbeit. Ernst Reinhardt, München / Basel

–, Zeller, S. (2007): Soziale Arbeit. Geschichte – Theorie – Profession. 3. Aufl. Ernst Reinhardt, München / Basel

Seel, N. M. (2003): Psychologie des Lernens. 2. Aufl. Ernst Reinhardt, München

Shell Deutschland Holding (Hrsg.) (2006): Jugend 2006. Eine pragmatische Generation unter Druck. Fischer Taschenbuch Verlag, Frankfurt am Main

Standop, J. (2005): Werte-Erziehung. Einführung in die wichtigsten Konzepte der Werteerziehung. Beltz, Weinheim

Stangl, W. (2008): Arbeitsblätter Psychologie. http://www.stangl-taller.at/ARBEITSBLAETTER/

Statistisches Bundesamt (2006): Bevölkerung Deutschlands bis 2050. Statistisches Bundesamt – Pressestelle, Wiesbaden

– (2005): Bevölkerung und Erwerbstätigkeit. Bevölkerung mit Migrationshintergrund. Ergebnisse des Mikrozensus 2005. Fachserie 1 Reihe 2.2. Statistisches Bundesamt, Wiesbaden

Stein, M. (2009a): Äußere Rahmenbedingungen von Unterricht: Elternhaus und Peer, Schulkultur und Schulleben. In: Zierer, K. (Hrsg.): Kompendium schulische Werteerziehung. Schneider-Verlag Hohengehren, Baltmannsweiler, im Druck

– (2009b): Werterziehungsansätze an weiterführenden Schulen in ihrem Zusammenhang mit strukturellen Bedingungen. Zeitschrift für Pädagogik, 55 (4), 562–579

– (2008a): Die Werteprojekte der Besuchsschulen aus Sicht der Schülerinnen und Schüler. In: Bayerisches Staatsministerium für Unterricht und Kultus (Hrsg.): Praxishandbuch zur Werteerziehung „Werte machen stark.". Auer, Donauwörth, 68–81

– (2008b): Werteerziehungsansätze an weiterführenden Schulen in Bayern. In: Bayerisches Staatsministerium für Unterricht und Kultus (Hrsg.): Praxishandbuch zur Werteerziehung „Werte machen stark." Auer, Donauwörth, 54–67

– (2008c): Wie können wir Kindern Werte vermitteln? Werteerziehung in Familie und Schule. Ernst Reinhardt, München

– (2008d): Ursachen und Abhilfemaßnahmen für die mangelnde Integration von jungen Menschen mit Migrationshintergrund in das betriebliche Ausbildungssystem. Erfahrungen aus zwei Modellversuchen. Wirtschaft und Berufserziehung. 66 (8), 21–28

– (2005): Herausforderungen beim Übergang von der Schule zum Beruf – der Kompetenzbegriff bei PISA. In: Prager, J. U., Wieland, C. (Hrsg.): Von der Schule in die Arbeitswelt. Bildungspfade im europäischen Vergleich. Bertelsmann, Frankfurt am Main, 49–74

Steinberg, L., Elmen, J. D., Mounts, N. S. (1989): Authoritative Parenting, Psychosocial Maturity, and Academic Success among Adolescents. Child Development 60, 1424–1436

Stolz, H.-J. (2006): Dezentrierte Ganztagsbildung: Diskurskritische Anmerkungen zu einer aktuellen Debatte. In: Otto, H.-U., Oelkers, J. (Hrsg.): Zeitgemäße Bildung. Herausforderungen für Erziehungswissenschaft und Bildungspolitik. Ernst Reinhardt, München / Basel

Stummbaum, M. (2009): Dynamisierung Sozialer Arbeit im Spannungsverhältnis von Marktökonomie und gruppenbezogener Betroffenenselbsthilfe. Unveröffentlichte Dissertation, Eichstätt

– (2007): Großer Aufholbedarf. Zum Verhältnis von sozialer Selbsthilfe und Sozialer Arbeit. In: Blätter der Wohlfahrtspflege 6, 230f

–, Stein, M. (in Vorb., 2010): Selbsthilfegruppen aufbauen, begleiten und coachen. Ernst Reinhardt, München / Basel

Tacke, W. (1998): Erziehungsziele. Umfrage & Analyse. 11 / 12, 25–34

Treml, A. K. (2000): Allgemeine Pädagogik. Grundlagen, Handlungsfelder und Perspek-

tiven der Erziehung. Kohlhammer, Stuttgart / Berlin / Köln
Verkasalo, M., Tuomivaara, P. (1996): 15-year-old pupils' and their teachers' values, and their beliefs abouth the values of an ideal pupil. Educational Psychology 16, 35–48
Walker, D. F., Soltis, J. F. (1986): Curriculum and Aims. Teachers College Press, London
Watson, J. B. (1928): Psychological care of infant and child. Norton, New York
Welsch, W. (1993): Unsere postmoderne Moderne. Akademie-Verlag, Berlin
World Vision Deutschland e. V. (Hrsg.) (2007): Kinder in Deutschland 2007. 1. World Vision Kinderstudie. Fischer Taschenbuch Verlag, Frankfurt am Main
Zierer, K. (2006): Was bedeutet „Schule als Lebensraum?". Sechs Thesen zu einem „pädagogischen Programm". Pädagogische Rundschau 60, 49–60
Zimbardo, P. G. (1983): Psychologie. 4., neubearbeitete Aufl. Springer, Berlin u. a.
Zwick, E. (2004): Gesundheitspädagogik. Wege zur Konstituierung einer erziehungswissenschaftlichen Teildisziplin. Lit, Münster

Glossar

Bedürfnis
Ein Bedürfnis des Menschen äußert sich in einem Bestreben hin zu einem erwünschten Zustand (z. B. sich als anerkannt und geliebt empfinden) oder einer erwünschten Tätigkeit (z. B. sich sportlich oder künstlerisch-kreativ auszudrücken). Bedürfnisse entspringen nach der Systemtheorie aus Ungleichgewichts- oder Mangelzuständen (z. B. Mangel an Aufmerksamkeit, Schlafmangel), die als unangenehm erlebt werden und einen Handlungsimpuls setzen (z. B. soziale Interaktion, Erholungsimpuls). Die Erreichung der Bedürfnisbefriedigung wird als positiv erlebt.

Bezugswissenschaften der Pädagogik
Unter den Bezugswissenschaften der Pädagogik werden Wissenschaften verstanden, die wesentliche theoretische, methodische und praktische Erkenntnisse und Ansätze liefern, die in der Pädagogik von Nutzen sind. Zu den Bezugswissenschaften der Pädagogik zählen etwa die Soziologie, die Erkenntnisse über den Zusammenhang zwischen Individuen und ihrer Umwelt im Rahmen der Sozialisation (→ Kap. 2) liefert, oder die Psychologie, welche etwa die Entwicklung des Menschen in unterschiedlichen inhaltlichen Feldern thematisiert (→ Kap. 6).

Dimension
Unter Dimension werden in diesem Zusammenhang die unterschiedlichen Ebenen oder wesenhaften Eigenschaften des Menschen verstanden, die ihn über alle individuellen Unterschiede hinweg ausmachen, wie etwa die Handlungsebene, die emotionale Erlebensebene, die kognitiv-geistige Ebene, die physische Ebene des Körpers, die soziale Ebene der Gemeinschaft mit anderen sowie die ästhetisch-abstrakte Ebene von Kultur und Wertesystemen.

Enkulturation
Lebenslanger Prozess, in welchem das Individuum sich in kritischer Auseinandersetzung mit seiner Umwelt die zentralen kulturellen Errungenschaften der Gesellschaft aneignet, z. B. grundlegende Fähigkeiten wie die Kulturtechniken bis hin zu komplexen Aneignungsprozessen von moralischen und religiösen Werten, Normen und Haltungen.

Erfahrungswissenschaft
Erfahrungswissenschaften stützen sich in ihren Erkenntnissen und Aussagen, das heißt in ihrer Beobachtung, Interpretation, Erklärung und Vorhersage von Gegebenheiten auf Datenmaterial, das in einem wissenschaftlich begründeten Forschungsprozess erhoben wird.

Erving Goffman
(1922–1982), US-amerikanischer Soziologe kanadischer Herkunft, lehrte unter anderem an der University of California in Berkeley und war einer der Begründer der Schule des Symbolischen Interaktionismus. Goffman befasste sich unter anderem mit Rollenverhalten, Rollenmustern und Institutionen.

Erziehungswissenschaft
Der Begriff der Erziehungswissenschaft wird häufig synonym mit dem Begriff der Pädagogik verwendet. Erziehungswissenschaft betont stärker noch als der Begriff der Pädagogik das Selbstverständnis der Disziplin als Erfahrungswissenschaft, die sich in ihren Aussagen auf in einem wissenschaftlich begründeten Forschungsprozess erhobenes Datenmaterial zu den Bereichen Sozialisation, Erziehung, Bildung und Lernen stützt.

Frankfurter Schule
Sozial- und kulturwissenschaftliche Schule, die kritische Gesellschaftsanalyse im Sinne der Schriften und des Gedankenguts von Karl Marx und Sigmund Freud betreibt.

Gauß'sche Normalverteilung
Nach dem deutschen Mathematiker, Astronomen und Physiker Carl Friedrich Gauß (1777–1855) benannte Verteilung. Bei der Gauß'schen Normalverteilung streuen die Werte und Merkmalsausprägungen einer Population glockenförmig um den Mittelwert. Dies bedeutet, dass extremere Abwei-

chungen vom Mittelwert unwahrscheinlicher sind als weniger gravierende Abweichungen.

Handlungswissenschaft

Handlungswissenschaften bleiben nicht mit ihren Erkenntnissen und Aussagen bei der Beobachtung, Interpretation, Erklärung und Vorhersage von Gegebenheiten stehen, sondern geben darauf aufbauend wissenschaftlich begründete Empfehlungen für eine fundierte Praxisarbeit.

Individuation

Lebenslanger Prozess der Menschwerdung durch Herausbildung einer eigenständigen, individuellen Überzeugung politischer, gesellschaftlicher und moralisch-religiöser Art. Individuation beschreibt auch den Prozess der Emanzipation von den vorherrschenden Meinungen und Haltungen einer Gesellschaft und die kritische Beschäftigung damit.

Jean-Jacques Rousseau

(1712–1778) Französischer Philosoph und Schriftsteller schweizerischer Herkunft, welcher durch seine aufklärerischen und dabei die Aufklärung übersteigenden Ansätze das Staatswesen, die Philosophie und die pädagogische Haltung, insbesondere auch reformpädagogische Strömungen, bis heute nachhaltig prägte. Rousseau geht davon aus, dass der Mensch prinzipiell gut sei und nur durch die Auswüchse der Gesellschaft verdorben würde: „Alles ist gut, wie es aus den Händen des Schöpfers kommt; alles entartet unter den Händen des Menschen".

John Locke

(1632–1704) Englischer Philosoph, der in seiner Staatslehre die Prinzipien Freiheit, Gleichheit und Recht auf die Unverletzlichkeit der Person sowie die Gewaltenteilung betonte. Locke geht von einer unbegrenzten Formbarkeit des Menschen durch die sozialen und gesellschaftlichen Verhältnisse aus („tabula rasa") und nimmt dadurch auch elementaren Einfluss auf pädagogisches Denken und Handeln.

Normen

Normen sind aus Werten abgeleitete und auf diese rückführbare Sollens- oder Verhaltensforderungen. Während Werte oftmals abstrakte philosophische Prinzipien darstellen, wie etwa Gleichheit, machen Normen konkretere Aussagen zur Umsetzung des Wertes in alltäglichen Lebensvollzügen, etwa über die Gleichbehandlung von Geschwistern durch die Eltern.

pädagogische Provinz

Unter der pädagogischen Provinz wird die Abschottung und Abkoppelung des Erziehungsgeschehens von aktuellen gesellschaftlichen Entwicklungen verstanden.

Peergroup

Unter Peergroup wird die Gruppe der Gleichaltrigen verstanden, die zur selben Zeit unter ähnlichen gesellschaftlichen und sozialen Bedingungen heranwächst beziehungsweise herangewachsen ist. Die Mitglieder der Peergroup bilden durch die Solidargemeinschaft der Gleichaltrigen in der sozialen Interaktion miteinander ähnliche Haltungen, Normen und Überzeugungen sowie ähnliche kulturelle Deutungsmuster aus. Insbesondere in der Zeit der Ablösung vom Elternhaus während der Jugendzeit kommt der Peergroup besondere Bedeutung bei.

Persönlichkeit (= Identität)

Unter Persönlichkeit oder Identität versteht man die einzigartige Kombination von persönlichen Charakteristika des Individuums, durch welche es von anderen Personen unterschieden werden kann.

Positivismus

Philosophische Richtung, welche sich bei der Erkenntnisgewinnung auf das anschaulich Erfahrbare beschränkt

Rolle

Unter der sozialen Rolle wird die Gesamtheit der Erwartungen verstanden, welche an den Inhaber / die Inhaberin einer bestimmten Position (z. B. als Arbeitnehmerin, als Vater etc.) vom sozialen Umfeld gestellt und herangetragen werden. Die Rolle bezieht sich dabei sowohl auf bestimmte Eigenschaften, die durch die Geburt erworben sind (z. B. Rolle als Mann), als auch auf erworbene Eigenschaften (z. B. Rolle als Politikerin).

Signifikanz(niveau)

Das Signifikanzniveau gibt Auskunft darüber, ob zwei Merkmale statistisch signifikant, das heißt überzufällig, miteinander zusammenhängen. Zwei Merkmale hängen dann signifikant miteinander zusammen, wenn man mit einer Irrtumswahrscheinlichkeit von unter 5 % davon ausgehen kann, dass ein Zusammenhang zwischen beiden existiert.

Soziabilisierung

Soziabilisierung beschreibt die grundsätzliche Sozialisierung, das heißt Persönlichkeitswerdung des Menschen im weitesten

Sinne in der Auseinandersetzung mit der materialen, geistigen und sozialen Umgebung der Primärgruppen der Familie und des Freundeskreises.

Synthese
Unter einer Synthese versteht man eine Verbindung zwischen zwei – oftmals gegensätzlichen – Ansätzen oder Anschauungen. Die gegenläufigen Ansätze werden dabei auf einer höheren Ebene miteinander kombiniert und in Einklang gebracht.

Talcott Parsons
(1902–1979) US-amerikanischer Soziologe, der an der Harvard University lehrte, und durch seine richtungweisenden Arbeiten als einer der bedeutsamsten Soziologen der Nachkriegszeit gilt.

Thomas Hobbes
(1588–1679) Englischer Philosoph und Staatstheoretiker, welcher von der prinzipiell schlechten Natur des Menschen ausgeht, die auf das bloße Überleben ausgerichtet ist und den Kampf aller gegen alle bedinge („homo homini lupus", Der Mensch ist des Menschen Wolf). Erst durch die Unterwerfung unter die Gesellschaft und die Gruppe sei Frieden und Sicherheit möglich. Dadurch nimmt Hobbes grundlegenden Einfluss auf pädagogisches Denken und Handeln.

Totalisierungstendenzen
Tendenz zur Unterordnung unter den uneingeschränkten Verfügungsanspruch der Politik auf das einzelne Individuum

Urie Bronfenbrenner
(1917–2005), US-amerikanischer Entwicklungspsychologe russischer Abstammung, welcher an der Cornell University lehrte und den Ökosystemischen Ansatz in der (Entwicklungs)psychologie etablieren half.

Werte
Werte dienen als Kriterien, anhand derer Menschen Handlungen und Ereignisse der eigenen und fremder Personen beurteilen, etwa das Kriterium der Gerechtigkeit, das Kriterium der Vertrauenswürdigkeit etc. Werte stellen zudem Zielzustände dar, nach denen Menschen und Gesellschaften streben, etwa nach Freiheit, Toleranz etc.

Wertewandel
Unter dem Wertewandel versteht man die sich insbesondere in den 1960er Jahren vollziehende Verschiebung der Wichtigkeit von Werten weg von Werten der Unterordnung und des Gehorsams (oftmals auch als bürgerliche Tugenden bezeichnet) hin zu Werten der Solidarität und der Autonomie.

Personenregister

Sachregister